ΚΛΙΚ
στα ελληνικά

επίπεδο Α1
για παιδιά (6-12 ετών)

Β΄ Μέρος

ΕΛΛΗΝΙΚΗ ΔΗΜΟΚΡΑΤΙΑ
ΥΠΟΥΡΓΕΙΟ ΠΑΙΔΕΙΑΣ ΚΑΙ ΘΡΗΣΚΕΥΜΑΤΩΝ
ΚΕΝΤΡΟ ΕΛΛΗΝΙΚΗΣ ΓΛΩΣΣΑΣ
ΜΕΛΟΣ ΤΗΣ ΕΝΩΣΗΣ ΦΟΡΕΩΝ ΠΙΣΤΟΠΟΙΗΣΗΣ ΓΛΩΣΣΟΜΑΘΕΙΑΣ ΣΤΗΝ ΕΥΡΩΠΗ (ALTE)
ΜΕΛΟΣ ΤΗΣ ΕΥΡΩΠΑΪΚΗΣ ΟΜΟΣΠΟΝΔΙΑΣ ΕΘΝΙΚΩΝ ΙΔΡΥΜΑΤΩΝ ΓΙΑ ΤΗ ΓΛΩΣΣΑ (EFNIL)

Μαρία Καρακύργιου
Βικτωρία Παναγιωτίδου

Επιμέλεια Α΄ έκδοσης: Θωμαΐς Ρουσουλιώτη, Μαρία Χρίτη

Επιμέλεια ανατύπωσης 2018: Ευδοξία Μητρούση

Σχεδιασμός βιβλίου - εξωφύλλου: Καλλιόπη Πιπελίδου

Ηθοποιοί: Γιάννης Καλατζόπουλος

Κωνσταντίνα Κυριαζή

Αναστασία Μπάρκα

Γιώργος Ποτίδης

Ηχολήπτης/Στούντιο: Polytropon (Αθανάσιος Καζαντζής)

Στίχοι: Παναγιωτίδου Βικτωρία

© Κέντρο Ελληνικής Γλώσσας

Καραμαούνα 1, Πλατεία Σκρα, 551 32 Καλαμαριά, Θεσσαλονίκη

τηλ.: +302313 331500

φαξ: +302313 331502

ηλεκτρονικό ταχυδρομείο: centre@komvos.edu.gr

ιστοσελίδα: https://www.greeklanguage.gr/

Απαγορεύεται η αναδημοσίευση και γενικά η αναπαραγωγή, ολική, μερική ή περιληπτική ή η απόδοση κατά παράφραση ή διασκευή του περιεχομένου του παρόντος έργου, με οποιονδήποτε τρόπο ή μέσο, μηχανικό, ηλεκτρονικό, φωτοτυπικό, ηχογράφησης ή άλλο, χωρίς προηγούμενη γραπτή άδεια του εκδότη και σύμφωνα με τον Νόμο 2121/1993 και τους λοιπούς κανόνες του Εθνικού και Διεθνούς Δικαίου που ισχύουν στην Ελλάδα.

Θεσσαλονίκη 2015

Ανατύπωση 2019

ISBN SET: 978-960-7779-70-0

ISBN Β΄ Μέρος: 978-960-7779-69-4

ΚΕΝΤΡΙΚΗ ΔΙΑΘΕΣΗ: ΚΕΝΤΡΟ ΕΛΛΗΝΙΚΗΣ ΓΛΩΣΣΑΣ

ΕΛΛΗΝΙΚΗ ΔΗΜΟΚΡΑΤΙΑ
ΥΠΟΥΡΓΕΙΟ ΠΑΙΔΕΙΑΣ ΚΑΙ ΘΡΗΣΚΕΥΜΑΤΩΝ
ΚΕΝΤΡΟ ΕΛΛΗΝΙΚΗΣ ΓΛΩΣΣΑΣ

ΚΛΙΚ
στα ελληνικά

*Μέθοδος εκμάθησης της ελληνικής
ως δεύτερης / ξένης γλώσσας*

επίπεδο Α1
για παιδιά (6-12 ετών)

*Κατά τα νέα επίσημα
εγκεκριμένα επίπεδα*

**Εγχειρίδιο έντυπο
και ηλεκτρονικό**

Μαρία Καρακύργιου   **Βικτωρία Παναγιωτίδου**

Θεσσαλονίκη

Περιεχόμενα

Ενότητα	Κατανόηση Γραπτού Λόγου	Λεξιλόγιο
16 Σαββατοκύριακο με την οικογένεια σσ. 6-11	Με τη μαμά και τον μπαμπά το Σαββατοκύριακο σ. 6	Ελεύθερος χρόνος σσ. 7-8
17 Σαββατοκύριακο με τους φίλους σσ. 12-17	Η Σωτηρία, η Ελευθερία και η Ευαγγελία το Σαββατοκύριακο σ. 12	Ελεύθερος χρόνος σσ. 13-14
18 Ψωνίζω για το πάρτι μου σσ. 18-23	Μαμά, τι θα ψωνίσουμε; σ. 18	Πάρτι – φαγητά σσ. 19-20
19 Ετοιμασίες για το πάρτι σσ. 24-29	Ετοιμάζω το πάρτι μου σ. 24	Πάρτι – ρούχα σσ. 25-26
20 Ένα δώρο για την Ελένη σσ. 30-36	Από πού θα πάρουμε δώρο; σ. 30	Πάρτι – αγορά σσ. 31-32
Παραγωγή Προφορικού Λόγου: Πάρτι το Σαββατοκύριακο σσ. 37-38		
Παραγωγή Γραπτού Λόγου: Γράφω πώς πέρασα το Σαββατοκύριακό μου σ. 39		
Θυμάσαι; (Επανάληψη στις ενότητες 16-20) σσ. 40-43		
21 Πώς πηγαίνεις στο σχολείο; σσ. 44-51	Στον δρόμο για το σχολείο σ. 44	Μετακίνηση / μέσα μεταφοράς σσ. 45-48
22 Εκδρομή σσ. 52-59	Εκδρομή στην Αθήνα σ. 52	Ταξίδια σσ. 53-55
23 Διακοπές σσ. 60-67	Πού θα πάτε διακοπές, παιδιά; σ. 60	Μήνες, εποχές σσ. 61-63
24 Τι καιρό έχει; σσ. 68-75	Τι καιρό κάνει στην πόλη σου; σ. 68	Καιρός, ρούχα σσ. 69-70
25 Δεν είμαι καλά... σσ. 76-82	Η Ελίνα είναι στον γιατρό σ. 76	Το σώμα μου, αρρώστιες, φάρμακα σσ. 77-79
Παραγωγή Προφορικού Λόγου: Διακοπές/Ταξίδια σσ. 83-84		
Παραγωγή Γραπτού Λόγου: Γράφω για μια εκδρομή στο βουνό σ. 85		
Θυμάσαι; (Επανάληψη στις ενότητες 21-25) σσ. 86-89		
26 Δουλειές στο σπίτι σσ. 90-95	Θα κάνουμε εμείς τις δουλειές, μαμά σ. 90	Καθημερινές ασχολίες/δουλειές μέσα στο σπίτι σσ. 91-92
27 Αγαπώ τα αθλήματα σσ. 96-101	Ρυθμική γυμναστική και ποδόσφαιρο σ. 96	Ποδόσφαιρο, μπαλέτο σσ. 97-98
28 Δραστηριότητες το απόγευμα σσ. 102-109	Τι μαθαίνουν τα παιδιά; σ. 102	Μουσική, ζωγραφική, θέατρο σσ. 103-105
29 Εκδρομή στο βουνό σσ. 110-116	Πικ νικ με την οικογένειά μου σ. 110	Φύση, περιβάλλον, ζώα σσ. 111-113
Παραγωγή Προφορικού Λόγου: Μαθαίνω ένα μουσικό όργανο σσ. 117-118		
Παραγωγή Γραπτού Λόγου: Γράφω/ζητώ πληροφορίες για ένα μουσικό όργανο/άθλημα σ. 119		
Θυμάσαι; (Επανάληψη στις ενότητες 26-29) σσ. 120-123		
30 Ένα μήλο την ημέρα ... σσ. 124-131	Στη λαϊκή αγορά σ. 124	Φρούτα, λαχανικά σσ. 125-126
31 Τι θα φάμε σήμερα, μαμά; σσ. 132-139	Λίστα για ψώνια σ. 132	Τρόφιμα (σούπερ μάρκετ, κρεοπωλείο, φούρνος) σσ. 133-135
32 Ψώνια, ψώνια, ψώνια! σσ. 140-147	Θα πάμε κατασκήνωση σ. 140	Πράγματα για την κατασκήνωση σσ. 141-143
33 Στο κυλικείο σσ. 148-154	Στην κατασκήνωση σ. 148	Ψώνια από το περίπτερο, κυλικείο σσ. 149-150
Παραγωγή Προφορικού Λόγου: Μαθαίνω για την υγιεινή διατροφή σσ. 155-156		
Παραγωγή Γραπτού Λόγου: Γράφω μια συνταγή σ. 157		
Θυμάσαι; (Επανάληψη στις ενότητες 30-33) σσ. 158-161		

Εξετάσεις ελληνομάθειας (Επίπεδο Α1 για παιδιά 8-12) σσ. 162-175

* Τα ηχητικά αρχεία είναι προσβάσιμα στη διεύθυνση **https://greeklanguage.gr/klikstaellinikaA1p** με τον κωδικό **audiofilesA1p**

Γραμματική	Κατανόηση Προφορικού Λόγου
Ενεστώτας (οδηγώ, τρώω, έρχομαι, κοιμάμαι) σσ. 9-10	Τέσσερις φίλοι το Σαββατοκύριακο σ. 11
Ενεστώτας (πάω, ακούω, λέω) σσ. 15-16	Πέντε φίλες το Σαββατοκύριακο σ. 17
Συνοπτικός μέλλοντας (α΄ συζυγία) σσ. 21-22	Τι κάνουν η Ελένη και η μαμά της; σ. 23
Συνοπτικός μέλλοντας (β΄ συζυγία) σσ. 27-28	Πρόσκληση σε πάρτι σ. 29
Συνοπτικός μέλλοντας (ανώμαλα ρήματα) σσ. 33-35	Τι δώρο θα πάρουμε; σ. 36
Ερωτηματικές αντωνυμίες: *ποιος/ποια/ποιο/τι, πόσος/πόση/πόσο* σσ. 49-50	Πώς πηγαίνουν τα παιδιά στο σχολείο; σ. 51
Ερωτηματική αντωνυμία *ποιανού/ποιανής/ποιανού*, Κτητικό επίθετο *δικός μου/δική μου/δικό μου* σσ. 56-58	Εκδρομή στην Καβάλα και τη Δράμα σ. 59
Συνοπτική προστακτική (α΄ συζυγία) σσ. 64-66	Η Βασιλική πάει διακοπές σ. 67
Συνοπτική προστακτική (β΄ συζυγία) σσ. 71-74	Τι καιρό έχει εκεί; σ. 75
Συνοπτική προστακτική (ανώμαλα ρήματα) σσ. 80-81	Είμαι άρρωστος σ. 82
Προσωπική αντωνυμία: αιτιατική (δυνατοί και αδύνατοι τύποι) σσ. 93-94	Μια μέρα με την Ελένη και τη Μαρία σ. 95
Αόριστες αντωνυμίες: *κανένας/καμία/κανένα, άλλος/άλλη/άλλο, τίποτα* σσ. 99-100	Μου αρέσει το ποδόσφαιρο σ. 101
Αόριστος (α΄ και β΄ συζυγία) σσ. 106-108	Τι έκανες χθες, Ελένη; σ. 109
Αόριστος (ανώμαλα ρήματα) σσ. 114-115	Στο αγρόκτημα σ. 116
Συνοπτική υποτακτική (α΄ και β΄ συζυγία) σσ. 127-130	Λίστα για τον μανάβη σ. 131
Συνοπτική υποτακτική (ανώμαλα ρήματα) σσ. 136-138	Στην ταβέρνα σ. 139
Δεικτικές αντωνυμίες: *αυτός/αυτή/αυτό, εκείνος/εκείνη/εκείνο* σσ. 144-146	Ετοιμασίες για κάμπινγκ σ. 147
Έμμεσο αντικείμενο *σε* + αιτιατική σσ. 151-153	Τι θέλετε από το περίπτερο; σ. 154

Ενότητα 16

Σαββατοκύριακο με την οικογένεια

Βλέπεις τον τίτλο και διαβάζεις τις λέξεις: Παρασκευή, Σάββατο, Κυριακή, σχολείο, γονείς, φίλοι, παππούς, γιαγιά. Τι λένε τα παιδιά;

1 Διαβάζεις τα κείμενα και συμπληρώνεις τα κενά με τις εικόνες.

Πέτρος

Το Σάββατο και η Κυριακή είναι πολύ ωραίες μέρες. Δεν έχω σχολείο! Κοιμάμαι αργά το βράδυ και δεν ξυπνάω νωρίς το πρωί. Οι γονείς μου δεν δουλεύουν. Περνάμε τέλεια. Είμαστε όλη τη μέρα μαζί. Τρώμε __0__, πηγαίνουμε σινεμά ____, βλέπουμε ταινίες, παίζουμε. Η μαμά διαβάζει παραμύθια ____ και ο μπαμπάς παίζει κιθάρα και τραγουδάει ____. Μερικές φορές το Σάββατο έρχονται στο σπίτι μας ο παππούς και η γιαγιά. Μένουν το βράδυ μαζί μας και η μαμά και ο μπαμπάς πηγαίνουν στο θέατρο ____.

Μιχάλης

Κάθε Σαββατοκύριακο πηγαίνουμε στο χωριό, στη γιαγιά και στον παππού. Φεύγουμε το Σάββατο το πρωί και γυρίζουμε την Κυριακή το βράδυ. Ο μπαμπάς οδηγεί ____, εγώ λέω ιστορίες. Είναι ωραία στο αυτοκίνητο. Μιλάμε, γελάμε, τραγουδάμε. Στο χωριό είναι τέλεια. Το σπίτι μας έχει μια μεγάλη αυλή ____ και εκεί παίζω με τα ξαδέρφια μου κρυφτό ____ και κυνηγητό ____.

2 Διαβάζεις ξανά τα κείμενα. Με ποιο από τα παραπάνω μοιάζει το Σαββατοκύριακό σου;

3 Ενώνεις τα παζλ και βρίσκεις τα ζευγάρια.

αργά — πρωί
κοιμάμαι — νωρίς
βράδυ — ξυπνώ
παππούς — μπαμπάς
μαμά — γιαγιά
τρώω — γράφω
διαβάζω — πίνω

4 Διαβάζεις τις προτάσεις και βλέπεις τις εικόνες. Ποιος είναι ο Άρης, ποιος είναι ο Πέτρος και ποιος είναι ο Μιχάλης;

- Ο Άρης διαβάζει και παίζει μπάσκετ.
- Ο Πέτρος τρώει με τους γονείς του και βλέπει τηλεόραση.
- Ο Μιχάλης παίζει στην αυλή και πηγαίνει σινεμά.

Άρης

Άρης

5 Συμπληρώνεις τα κενά με τις λέξεις / φράσεις.

παίζει μπάσκετ, πηγαίνει σινεμά, ξυπνάει, διαβάζει, κοιμάται

Ο Τάσος το Σάββατο ⁰ _ξυπνάει_ αργά. Μετά πηγαίνει στο γήπεδο και ¹_____. Το μεσημέρι γυρίζει στο σπίτι και ²_____ μέχρι το απόγευμα. Στις 6 ³_____ με τους φίλους του. Το βράδυ ⁴_____ αργά.

7

6 Συμπληρώνεις το σταυρόλεξο και κάνεις προτάσεις με τις λέξεις.

Το απόγευμα πηγαίνω στο σινεμά.

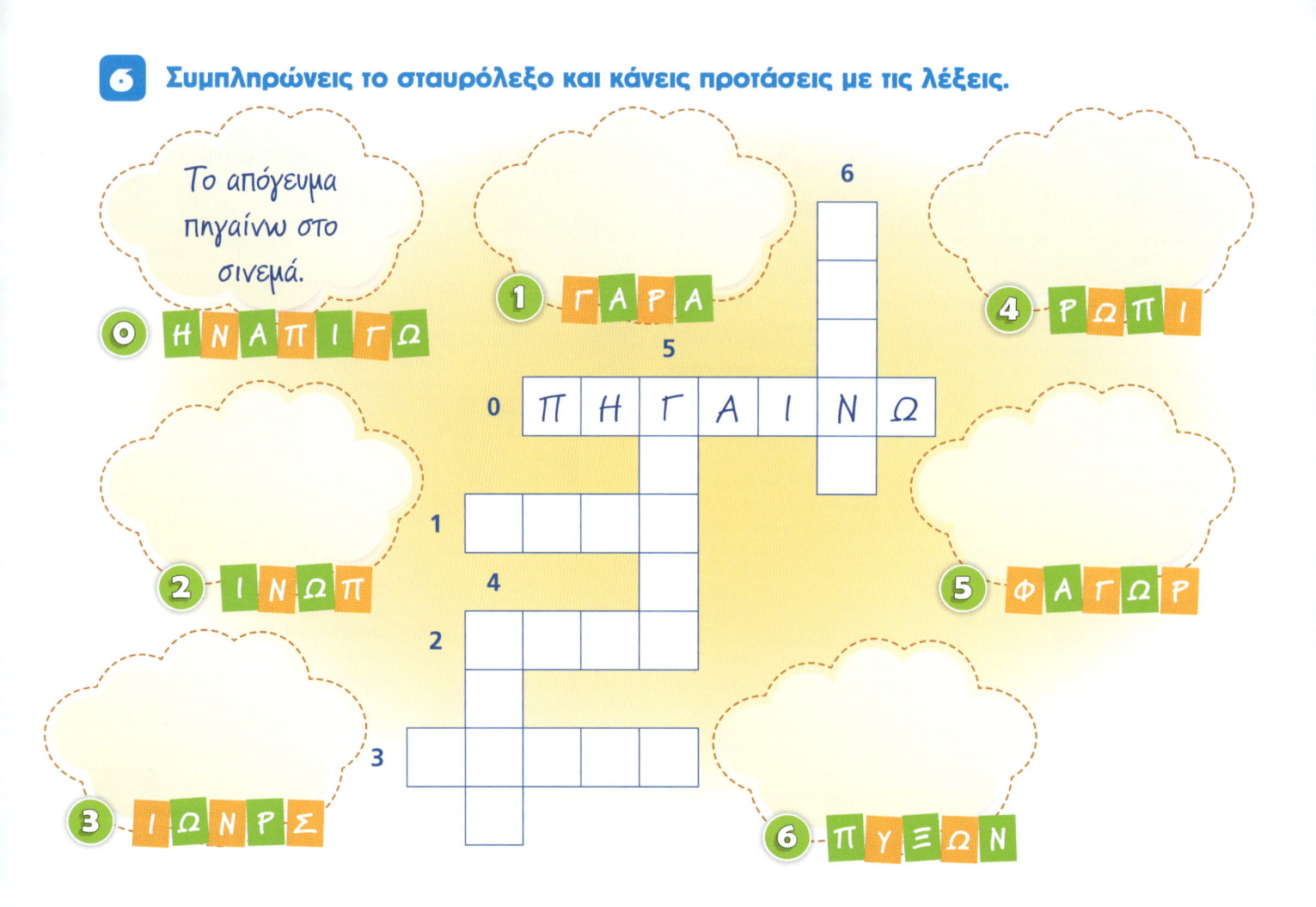

0 Η Ν Α Π Ι Γ Ω
1 Γ Α Ρ Α
2 Ι Ν Ω Π
3 Ι Ω Ν Ρ Σ
4 Ρ Ω Π Ι
5 Φ Α Γ Ω Ρ
6 Π Υ Ξ Ω Ν

0. ΠΗΓΑΙΝΩ

7 Πώς περνάει το Σαββατοκύριακο ο Δημήτρης; Βάζεις στη σειρά (1-5) τις εικόνες και κάνεις μια ιστορία.

8 Τι κάνουν τώρα; Βγαίνεις από τον λαβύρινθο, βρίσκεις τις απαντήσεις και τις λες στην τάξη.

| Η οικογένεια Πάνου | Ο κύριος Παύλος | Η κυρία Μαρία | Ο Γιώργος και η Μαρία | Ο Γιάννης και ο Ηλίας | Ο Μιχάλης και η Δέσποινα |

οδηγεί | κοιμάται | τρώει | οδηγούν | κοιμούνται | τρώνε

	ΟΔΗΓΩ	ΕΡΧΟΜΑΙ	ΚΟΙΜΑΜΑΙ	ΤΡΩΩ
εγώ	οδηγώ	έρχομαι	κοιμάμαι	τρώω
εσύ	οδηγείς	έρχεσαι	κοιμάσαι	τρως
αυτός/αυτή/αυτό	οδηγεί	έρχεται	κοιμάται	τρώει
εμείς	οδηγούμε	ερχόμαστε	κοιμόμαστε	τρώμε
εσείς	οδηγείτε	έρχεστε	κοιμάστε	τρώτε
αυτοί/αυτές/αυτά	οδηγούν(ε)	έρχονται	κοιμούνται	τρώνε / τρων
	(μπορώ, ευχαριστώ, καλώ, ζω, συμφωνώ)			

Ενότητα 16

9. Βάζεις σε κύκλο το σωστό.

0. - Τι τρως, Μαρία;
 - (Τρώω) / Τρώμε σάντουιτς.

1. Τι τρώει ο Πέτρος; Τρώνε / Τρώει πίτσα.

2. - Πού είναι οι γονείς σου;
 - Έξω. Έρχεται / Έρχονται, όμως, σε λίγο.

3. Τι ώρα κοιμάστε / κοιμούνται το βράδυ τα παιδιά;

4. Κοιμάσαι / Κοιμάται το μεσημέρι η Νάντια;

5. - Παιδιά, αυτά είναι τα δώρα σας.
 - Ευχαριστούμε / Ευχαριστείτε, μαμά.

10. Συμπληρώνεις τα κενά.

0. Πού είναι ο Άρης; __Έρχεται__ (έρχομαι) σε λίγο.

1. Τι ώρα _____ (κοιμάμαι) το βράδυ, Ελένη;

2. Τι _____ (τρώω), Μάκη;

3. Τι _____ (τρώω) τα παιδιά σου;

4. Τι ώρα _____ (κοιμάμαι) το βράδυ, κορίτσια;

5. Τι ώρα _____ (έρχομαι) ο Αποστόλης από το σχολείο;

6. Ο Νίκος και ο Πέτρος _____ (έρχομαι) νωρίς στο σχολείο.

7. - Πού είναι ο Γιάννης; - _____ (κοιμάμαι).

8. Τι _____ (τρώω) ο Δημήτρης, μαμά;

11. Ψαρεύεις το Σωστό και το Λάθος.

Σωστό
- Ο Γιώργος δεν μπορεί σήμερα.
- Έρχονται ο κύριος Γιάννης και η κυρία Ρούλα.
- Τρώουμε στις 2.
- Να ο Γιώργος! Έρχεται.

Λάθος
- Τι ώρα κοιμάσε το βράδυ, Ελένη;
- Παιδιά, κοιμάσται;
- Σ' ευχαριστώ, μαμά, για το δώρο.

12. Κάνεις προτάσεις με τις παρακάτω λέξεις.

τρώω, έρχομαι, κοιμάμαι, οδηγώ

13 Πώς περνάνε τα παιδιά το Σαββατοκύριακό τους;
Ακούς και βάζεις ✓ στον πίνακα.
(cd 2, 1)

Πόσα παιδιά μιλάνε; Βλέπεις με προσοχή τον πίνακα. Ποιες λέξεις δεν ξέρεις;

	Μάκης	Τάκης	Σάκης	Λάκης
μπάσκετ				
διάβασμα	✓			
ταινίες				
μουσική				
χωριό				
κυνηγητό				
κρυφτό				

14 Ακούς ξανά. Εσύ τι κάνεις το Σαββατοκύριακο; Τι κάνουν τα αδέρφια σου; Οι φίλοι σου;

Μουσικό διάλειμμα
(cd 2, 2)

Σήμερα Παρασκευή κλείνουν τα σχολεία
κι όλα-όλα τα παιδιά είναι στην πλατεία.
Παίζουνε, χορεύουνε, παίζουν και γελούνε,
μάθημα δεν έχουνε και χοροπηδούνε.
Άλλα τρώνε σάντουιτς, πίτσα ή σουβλάκι,
κάθονται χαρούμενα όλα στο παγκάκι.
Έρχονται οι φίλοι τους και τους χαιρετούνε,
παίζουνε χαρούμενα, παίζουν και γελούνε.

Ενότητα 16

Ενότητα 17

Σαββατοκύριακο με τους φίλους

Βλέπεις τον τίτλο και τις εικόνες. Μαντεύεις τι λένε τα κείμενα.

1 Διαβάζεις τα κείμενα και ενώνεις τα ονόματα με τις προτάσεις.

Σωτηρία

Βγαίνω έξω μόνο το Σαββατοκύριακο. Μου αρέσει πολύ ο κινηματογράφος. Διαλέγω μια ταινία και πάω σινεμά με τις φίλες μου. Μετά τρώμε σάντουιτς, πίνουμε αναψυκτικά και μιλάμε. Λέμε για την ταινία, για τα μαθήματα, για τους συμμαθητές και τους δασκάλους μας.

Ελευθερία

Το Σαββατοκύριακο η αδερφή μου, οι γονείς μου κι εγώ πηγαίνουμε σε παιδότοπους. Η αδερφή μου περνάει καλά εκεί. Είναι 2 χρονών. Εγώ, όμως, είμαι 9 χρονών και δεν μου αρέσει ούτε ο παιδότοπος ούτε η παιδική χαρά. Προτιμώ το σινεμά και το μπάσκετ. Μερικές φορές παίζουμε μπάσκετ με τους φίλους μου το πρωί και το απόγευμα πηγαίνουμε σινεμά.

Ευαγγελία

Δεν βγαίνω έξω το Σαββατοκύριακο. Μένω στο σπίτι. Ακούω μουσική και βλέπω ταινίες στον υπολογιστή. Μερικές φορές έρχονται οι φίλες μου, παίζουμε και τρώμε πίτσα. Άλλες φορές πηγαίνουμε σε πάρτι. Εκεί είναι πολύ ωραία.

Η Σωτηρία	δεν κάνει βόλτες κάθε μέρα.
Η Σωτηρία	έχει μία αδερφή.
Η Ελευθερία	μένει στο σπίτι το Σαββατοκύριακο.
Η Ελευθερία	μετά τον κινηματογράφο μιλάει με τις φίλες της.
Η Ευαγγελία	ακούει μουσική το Σαββατοκύριακο.
Η Ευαγγελία	είναι 9 χρονών.

2 Διαβάζεις ξανά τα κείμενα. Με ποιο από τα παραπάνω μοιάζει το Σαββατοκύριακό σου;

3 Διαβάζεις τις προτάσεις και βλέπεις τις εικόνες. Ποια είναι η Κατερίνα, ποια είναι η Μαρίνα και ποια είναι η Αναστασία;

– Είμαι η Κατερίνα. Το Σαββατοκύριακο πηγαίνω στο σινεμά, τρώω σάντουιτς και πίνω αναψυκτικό με τους φίλους μου.
– Είμαι η Μαρίνα. Το Σαββατοκύριακο πηγαίνω στην παιδική χαρά, παίζω με τον μικρό μου αδερφό και κάνω βόλτα με τη φίλη μου.
– Είμαι η Αναστασία. Το Σαββατοκύριακο μένω στο σπίτι, ακούω μουσική και βλέπω ταινία με τον μπαμπά και τη μαμά μου.

4 Ενώνεις τα παζλ και βρίσκεις τα αντίθετα.

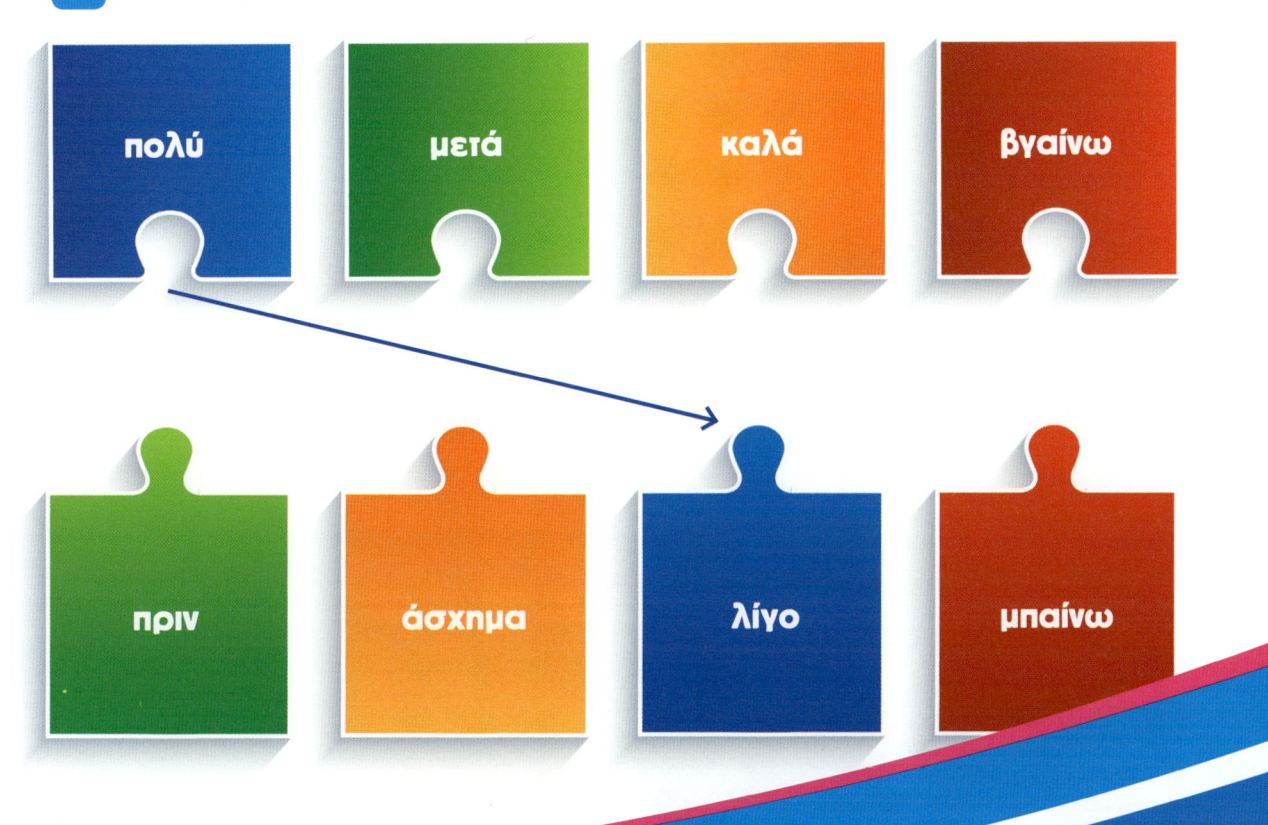

πολύ — λίγο

μετά — πριν

καλά — άσχημα

βγαίνω — μπαίνω

5 Γίνεστε ζευγάρια και βρίσκετε τις κρυμμένες λέξεις.

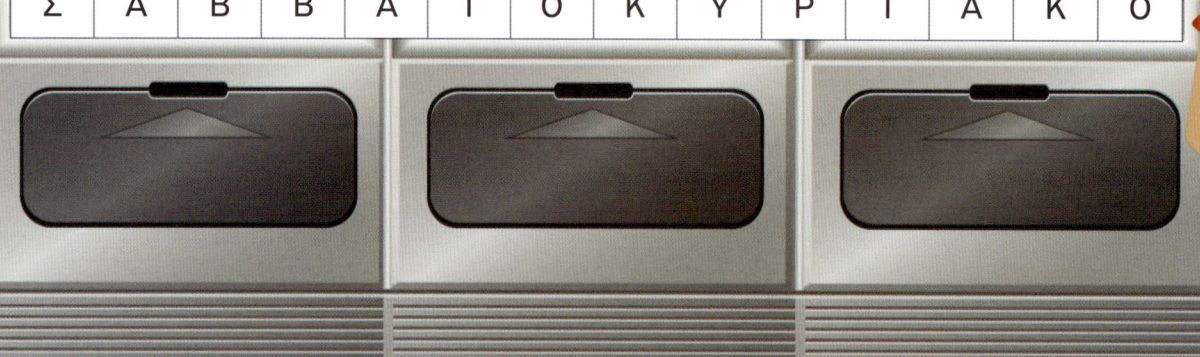

Ε	Ρ	Τ	Β	Ο	Λ	Τ	Α	Ι	Ο	Π	Α	Σ	Δ
Α	Ν	Α	Ψ	Υ	Κ	Τ	Ι	Κ	Ο	Ρ	Τ	Υ	Θ
Ι	Π	Π	Σ	Ι	Ν	Ε	Μ	Α	Α	Σ	Δ	Φ	Γ
Η	Τ	Α	Ι	Ν	Ι	Α	Κ	Θ	Ρ	Ζ	Χ	Ψ	Ω
Π	Α	Ι	Δ	Ο	Τ	Ο	Π	Ο	Σ	Β	Ν	Μ	Ε
Ρ	Υ	Π	Ο	Λ	Ο	Γ	Ι	Σ	Τ	Η	Σ	Τ	Υ
Σ	Α	Ν	Τ	Ο	Υ	Ι	Τ	Σ	Θ	Ι	Ο	Π	Π
Σ	Α	Β	Β	Α	Τ	Ο	Κ	Υ	Ρ	Ι	Α	Κ	Ο

6 Βάζεις σε κύκλο το σωστό.

0. - Σου αρέσει ο κινηματογράφος / παιδότοπος; - Όχι, μου αρέσουν οι ταινίες.

1. Μετά το σινεμά πίνουμε / τρώμε πίτσα.

2. Το Σαββατοκύριακο βλέπουμε / ακούμε ταινίες στον υπολογιστή.

3. Το Σαββατοκύριακο δεν βγαίνω έξω. Προτιμώ το σπίτι / σινεμά.

4. Διαλέγω μια ταινία / βόλτα με τις φίλες μου και πηγαίνω σινεμά.

7 Γίνεστε ζευγάρια και κάνετε προτάσεις με τις παρακάτω λέξεις / φράσεις.

κινηματογράφος, ταινία, αναψυκτικό, παιδότοπος, παιδική χαρά, βόλτα, μουσική

8 Κάνεις τον λαβύρινθο, βρίσκεις ποιοι μιλούν μεταξύ τους και συμπληρώνεις με τις φράσεις.

> Πάω σινεμά.   Ακούω ραδιόφωνο.   Λέω όχι.

Άννα: Πού πας;
Πέτρος: Τι ακούς;
Ελίνα: Τι λες;

Βασίλης
Γιώργος
Σωτήρης

	ΠΑΩ	ΑΚΟΥΩ	ΛΕΩ
εγώ	πάω	ακούω	λέω
εσύ	πας	ακούς	λες
αυτός/αυτή/αυτό	πάει	ακούει	λέει
εμείς	πάμε	ακούμε	λέμε
εσείς	πάτε	ακούτε	λέτε
αυτοί/αυτές/αυτά	πάνε / παν	ακούν(ε)	λένε / λεν

Ενότητα 17

9. Βάζεις σε κύκλο το σωστό.

0. - Ο Κώστας και ο Γιώργος ακούνε μουσική;
 - Όχι, δεν (ακούνε) / ακούμε.

1. - Σου αρέσει η ελληνική μουσική, Αλέξη;
 - Ναι, ακούμε / ακούω ελληνική μουσική.

2. - Παιδιά, τι κάνετε;
 - Ακούμε / Ακούτε ραδιόφωνο.

3. - Πού πάνε οι μαθητές;
 - Πάνε / Πάει στο σχολείο.

4. - Πού πάτε, κορίτσια;
 - Πάτε / Πάμε στο σινεμά.

10. Συμπληρώνεις τα κενά.

0. Ο αδελφός μου και οι φίλοι του __ακούνε__ (ακούω) μουσική.

1. Εσύ, Αλίκη, τι μουσική _____ (ακούω);

2. Εγώ δεν _____ (ακούω) ελληνική μουσική.

3. - Παιδιά, τι κάνετε; - _____ (ακούω) μουσική, μαμά.

4. Ο Κώστας, ο Πέτρος κι εγώ _____ (πάω) στο γήπεδο. Έχει αγώνα. Έρχεσαι;

5. Αυτό είναι το καινούριο μου μπουφάν, Μαρία. Τι _____ (λέω); Σου αρέσει;

11. Κάνεις προτάσεις με τις λέξεις. | πάω, ακούω, λέω |

_____

_____

12. Ψαρεύεις το Σωστό και το Λάθος.

Σωστό — **Λάθος**

- Τι μουσική ακούεις, Γεωργία;
- Ο Πέτρος ακούει ελληνική μουσική.
- Αυτό το παιδί λέει ψέματα.
- Οι μαθητές ακούνε πολλές ώρες ραδιόφωνο.
- Πού πάετε, κορίτσια;
- Εμείς πάμαι σινεμά κάθε Σάββατο.

Μουσικό διάλειμμα
(cd 2, 3)

Δύο πουλάκια στο δάσος
λένε τραγούδια με πάθος!
Ακούει το κοράκι το μαύρο,
καημό έχει, όμως, μεγάλο.
Κανείς ποτέ δεν το ακούει.
Όλοι φωνάζουνε «ούι!!!».
Κι όταν λέει ένα τραγούδι,
φοβίζει ακόμα και αρκούδι.
Ένα πρωί το κοράκι
έχει στο ράμφος ψωμάκι,
περνά από 'κει η κυρά Μάρω
και λέει ένα ψέμα μεγάλο.
«Αχ! Τι ωραία φωνούλα!
Σ' ακούω το πρωί, την αυγούλα!».
Ακούει το κοράκι το ψέμα
και λέει ένα τραγούδι στο ρέμα!
Πέφτει στη γη το ψωμάκι,
το παίρνει το αλεπουδάκι,
πάει στη φωλιά του και λέει:
«Τι ακούω κι εγώ η καημένη!»

🎧 **13** Τι κάνουν τα κορίτσια το Σαββατοκύριακο; Ακούς και βάζεις ✓ στον πίνακα.
(cd 2, 4)

Πόσα παιδιά μιλάνε; Βλέπεις με προσοχή τον πίνακα. Ποιες λέξεις δεν ξέρεις;

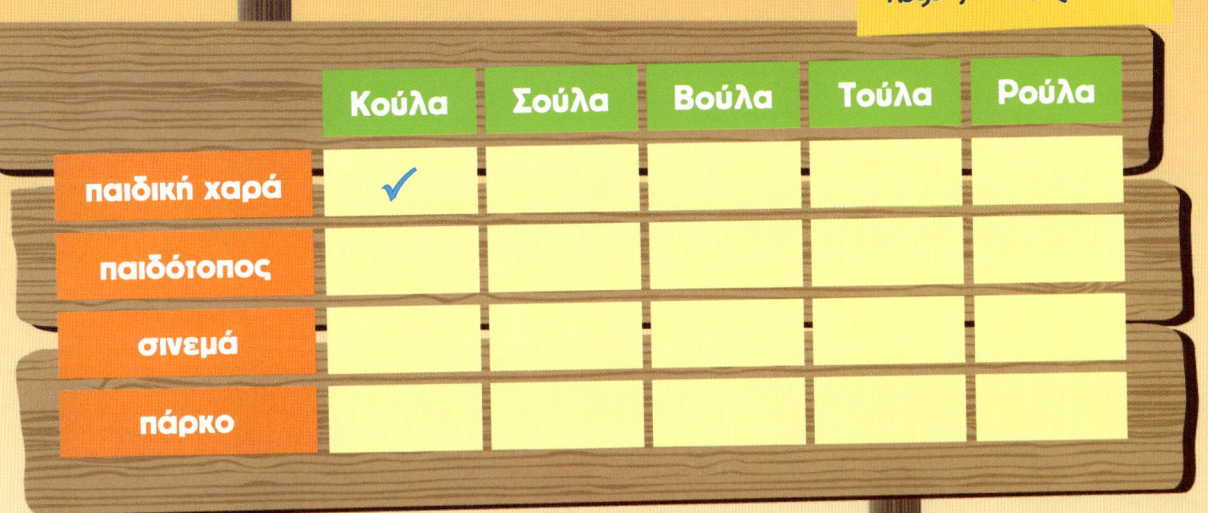

	Κούλα	Σούλα	Βούλα	Τούλα	Ρούλα
παιδική χαρά	✓				
παιδότοπος					
σινεμά					
πάρκο					

14 Ακούς ξανά και λες πώς περνάει κάθε παιδί το Σαββατοκύριακο.

Ενότητα 17

Ενότητα 18

ψωνίζω για το πάρτι μου

Βλέπεις τον τίτλο και διαβάζεις τις λέξεις:
πάρτι, σάντουιτς, πίτσα
Τι θέμα έχει ο διάλογος;

1 Διαβάζεις τον διάλογο και βάζεις ✓ κάτω από το ΣΩΣΤΟ ή κάτω από το ΛΑΘΟΣ.

— Μαμά, τι κάνεις;
— Ετοιμάζω μια πίτσα και γράφω τα ψώνια για το πάρτι, Ελένη.

— Τι θα ετοιμάσεις τελικά;
— Λίγα σάντουιτς και την πίτσα. Στη λίστα με τα ψώνια γράφω πορτοκαλάδες, χυμούς, 10 κεράκια και μια τούρτα.

— Μου αρέσουν πολύ τα πάρτι. Παίζουμε, ακούμε μουσική, χορεύουμε... Τι ώρα ανοίγει το σούπερ μάρκετ;
— Σε λίγο θα ανοίξει.

— Πού πας; Έτσι κάνεις εσύ; Αγοράζεις και δεν πληρώνεις;
— Εντάξει, μαμά, θα πληρώσω... Πού είναι τα λεφτά;
— Ορίστε... και προσοχή στα ρέστα!

		ΣΩΣΤΟ	ΛΑΘΟΣ
0.	Η Ελένη έχει πάρτι.	✓	
1.	Η Ελένη ετοιμάζει τη λίστα με τα ψώνια.		
2.	Η Ελένη είναι 10 χρονών.		
3.	Η μαμά θα αγοράσει μια τούρτα για την κόρη της.		
4.	Η Ελένη πηγαίνει στο σούπερ μάρκετ χωρίς λεφτά.		

2 Διαβάζεις ξανά και λες την ιστορία στην τάξη.

3 Διαβάζεις ξανά τον διάλογο στη σελίδα 18. Τι θα έχει στο πάρτι; Βάζεις ✓ στις εικόνες. Ποια από τα παρακάτω δεν είναι καλά για την υγεία μας;

- σάντουιτς
- πίτα 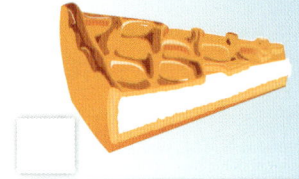
- γαριδάκια 
- πατατάκια 
- πορτοκαλάδα 
- λεμονάδα 
- πίτσα 
- τούρτα 
- χάμπουργκερ 
- ποπ-κορν 

4 Συμπληρώνεις τα κενά με τις παρακάτω λέξεις.

> πορτοκαλάδα, πίτσα, σάντουιτς, τούρτα, πίτα

0. Κάθε μέρα στο σχολείο τρώω ένα _σάντουιτς_.

1. Πίνεις _____;

2. Η μαμά μου κάνει πολύ ωραία _____.

3. Φέτος η _____ μου έχει 10 κεράκια.

4. Η ιταλική _____ είναι πολύ ωραία.

5 Ενώνεις τα παζλ και βρίσκεις τα αντίθετα.

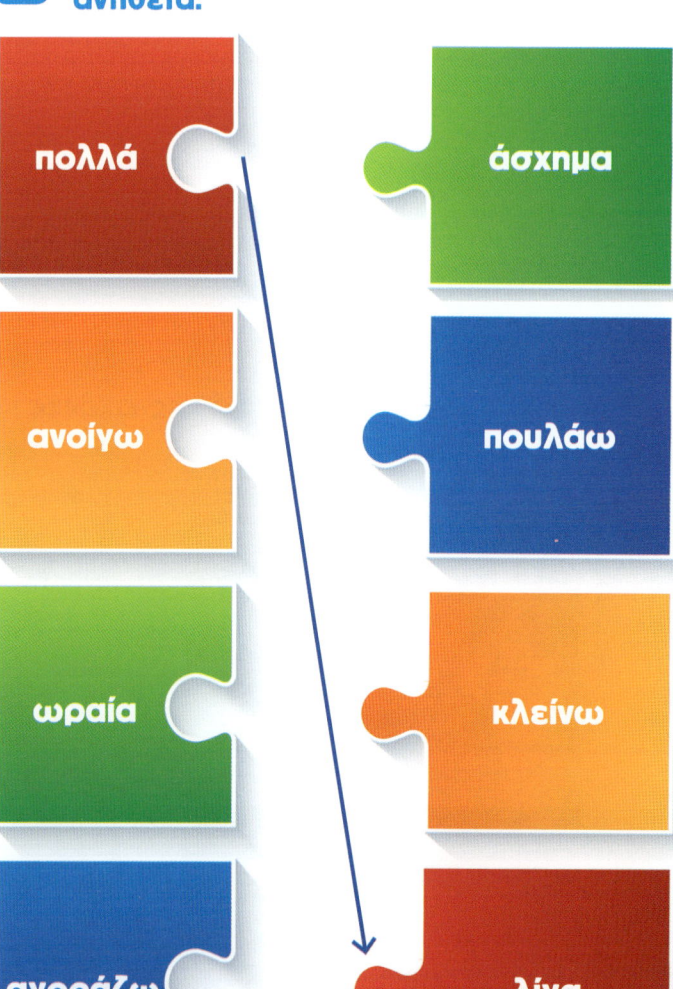

- πολλά — λίγα
- ανοίγω — κλείνω
- ωραία — άσχημα
- αγοράζω — πουλάω

19

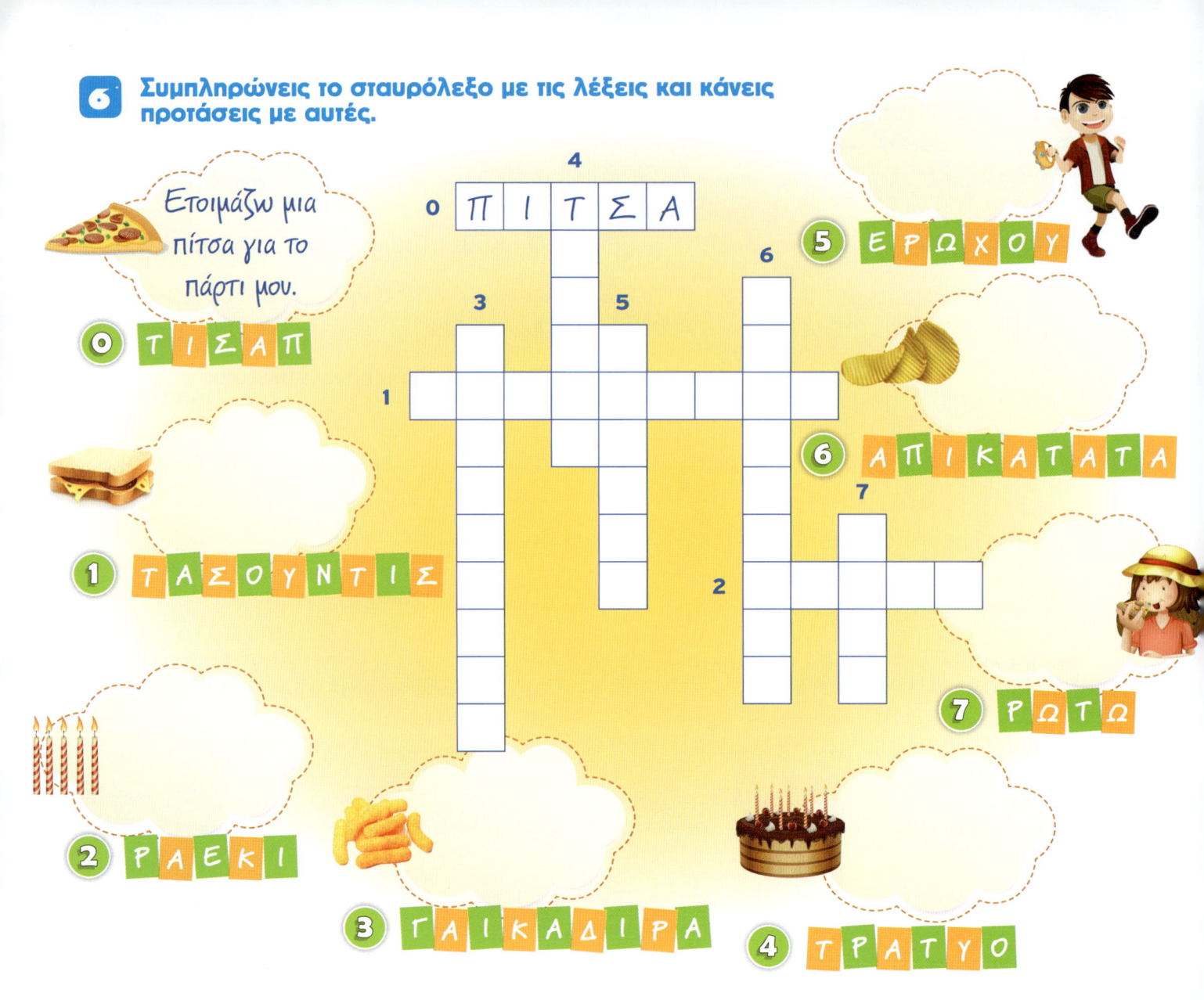

6 Συμπληρώνεις το σταυρόλεξο με τις λέξεις και κάνεις προτάσεις με αυτές.

0 ΠΙΤΣΑ

Ετοιμάζω μια πίτσα για το πάρτι μου.

0 ΤΙΣΑΠ
5 ΕΡΩΧΟΥ
6 ΑΠΙΚΑΤΑΤΑ
1 ΤΑΣΟΥΝΤΙΣ
7 ΡΩΤΩ
2 ΡΑΕΚΙ
3 ΓΑΙΚΑΔΙΡΑ
4 ΤΡΑΤΥΟ

7 Βάζεις στη σειρά (1-5) τις εικόνες και γράφεις μια ιστορία. Λες την ιστορία στην τάξη.

20

8 Με ποιον θα παίξουν αύριο τα παιδιά; Κάνεις τον λαβύρινθο και απαντάς στην ερώτηση.

Λευτέρης | Ειρήνη   Γιάννα   Σωτήρης   Τόλης | Παύλος

1. Ο Νίκος _____ .

2. Η Όλγα _____ .

3. Ο Πέτρος και η Σοφία _____ .

4. Ο Γιώργος και ο Δημήτρης _____ .

ΤΩΡΑ / ΣΥΝΗΘΩΣ	ΜΕΤΑ / ΑΥΡΙΟ
ακούω	**θα** ακούσω
αγοράζω	**θα** αγοράσω
πληρώνω	**θα** πληρώσω
παίζω	**θα** παίξω
ανοίγω	**θα** ανοίξω
χορεύω	**θα** χορέψω
γράφω	**θα** γράψω

εγώ	θα ακούσω
εσύ	θα ακούσεις
αυτός/αυτή/αυτό	θα ακούσει
εμείς	θα ακούσουμε
εσείς	θα ακούσετε
αυτοί/αυτές/αυτά	θα ακούσουν(ε)

9 Διαβάζεις τις προτάσεις και κολλάς τα αυτοκόλλητα.

Αύριο ο Πέτρος, ο Γιώργος και ο Νίκος θα παίξουν ποδόσφαιρο.

Αύριο ο Κώστας θα χορέψει.

Αύριο ο Πέτρος θα παίξει ποδόσφαιρο.

Αύριο ο Δημήτρης και ο Νίκος θα χορέψουν.

Ενότητα 18

10 Συμπληρώνεις τα κενά.

0. Αύριο _θα ανοίξει_ (ανοίγω) ένα καινούριο μαγαζί.

1. Δεν _____ (διαβάζω) αύριο το απόγευμα, μαμά.

2. Αύριο είναι το πάρτι σου. _____ (ακούω) καλή μουσική και _____ (χορεύω) πολύ!

3. Αύριο _____ (γράφω) διαγώνισμα.

4. Εμείς _____ (παίζω) μπάλα σε λίγο. _____ (παίζω) μαζί μας, παιδιά;

5. Ο Βαγγέλης και η Μαρία αύριο _____ (αγοράζω) ένα δώρο για την Κατερίνα.

11 Γίνεστε ζευγάρια και λύνετε τις σπαζοκεφαλιές.

1. Ο Πέτρος κρατάει χαρτί και μολύβι. **Τι θα κάνει;**

2. Η Μαρία και η Ελένη κρατούν βιβλία. **Τι θα κάνουν;**

3. Ο Γιώργος κρατάει μια μπάλα μπάσκετ. **Τι θα κάνει;**

4. Η μαμά είναι στο ταμείο. **Τι θα κάνει;**

5. Η Άννα ανοίγει το ραδιόφωνο. **Τι θα κάνει;**

6. Ο Γιάννης και ο Δημήτρης μπαίνουν σε ένα μαγαζί με δώρα. **Τι θα κάνουν;**

12 Ψαρεύεις το Σωστό και το Λάθος.

Σωστό   **Λάθος**

Η Ελένη θα ακούσουμε μουσική.

Θα διαλέξω ένα ωραίο δώρο για τον αδερφό μου.

Η Μαίρη και η Σοφία θα παίξετε κιθάρα.

Τα παιδιά θα γράψουν διαγώνισμα αύριο.

Παιδιά, όχι τώρα ραδιόφωνο. Θα ακούσετε μετά μουσική!

Τώρα θα διαβάσουν τα μαθήματά μου.

13 Τι θα κάνει αυτό το Σαββατοκύριακο ο Πέτρος; Βάζεις τις εικόνες στη σειρά (1-4) και λες την ιστορία.

14 Ακούς και βάζεις ✓ στη σωστή εικόνα σε κάθε σειρά.
(cd 2, 5)

Βλέπεις προσεκτικά τις εικόνες. Ποιες λέξεις δεν ξέρεις;

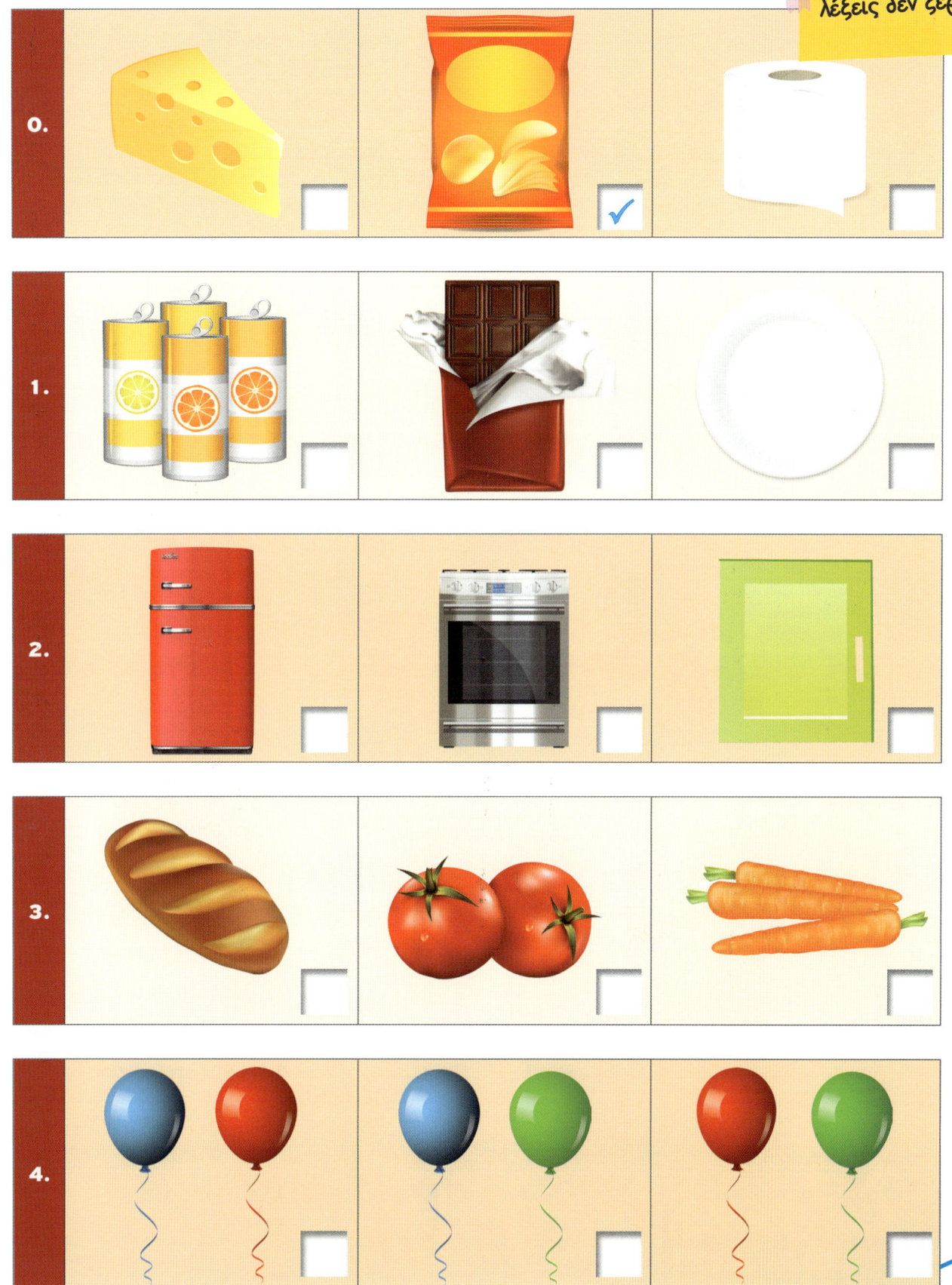

15 Εσύ τι θα αγοράσεις για το πάρτι σου;

Ενότητα 18

Ενότητα 19
Ετοιμασίες για το πάρτι

Περιγράφεις τις εικόνες. Πού είναι τα κορίτσια; Τι κάνουν;

1 Διαβάζεις τον διάλογο και βάζεις σε κύκλο το σωστό.

— Άννα, το Σάββατο είναι το πάρτι μου... Έχω πολλές δουλειές... Μπαλόνια, γιρλάντες, φαγητά... Θα βοηθήσεις;

— Πάντα βοηθάω, Ελένη, φέτος γιατί όχι;

— Λοιπόν... Εγώ τώρα φουσκώνω τα μπαλόνια. Είναι, όμως, πάρα πολλά. Θα φουσκώσεις κι εσύ λίγα;

— Ναι, σε λίγο. Ποιοι θα είμαστε στο πάρτι;

— Κάθε χρόνο καλώ πολλά παιδιά. Φέτος, όμως, θα καλέσω μόνο τους συμμαθητές και τις συμμαθήτριές μου.

— Αχ, τι ωραία! Δηλαδή θα είναι και ο Βαλάντης! Θα γελάσουμε πάλι.

— Ναι, ναι... Ξεκινάμε;

— Καλά, καλά, σε λίγο. Τι θα φορέσεις;

— Δεν ξέρω... την κόκκινη φούστα... Άντε, αργούμε και περνάει η ώρα...

0. Η Ελένη και η φίλη της μιλούν για
   (**α.**) το πάρτι.
   β. το σχολείο.
   γ. τον κινηματογράφο.

1. Η Ελένη μιλάει για το πάρτι της με την
   α. Ελπίδα.
   β. Άννα.
   γ. Κατερίνα.

2. Η Ελένη φέτος θα καλέσει
   α. όλους τους φίλους της.
   β. μόνο παιδιά από το σχολείο.
   γ. μόνο παιδιά από το μπάσκετ.

3. Ο Βαλάντης είναι
   α. χαρούμενος.
   β. λυπημένος.
   γ. αστείος.

4. Η Ελένη θα φορέσει
   α. παντελόνι.
   β. φόρεμα.
   γ. φούστα.

2 Διαβάζεις ξανά τον διάλογο και λες την ιστορία στην τάξη.

3 Διαβάζεις τις προτάσεις και κολλάς τα αυτοκόλλητα.

Κρεμάει τη γιρλάντα.	Γράφει τις προσκλήσεις.	Τηλεφωνεί.	Θα φορέσει τζιν φόρεμα.
Παίζει κιθάρα.	Φουσκώνει τα μπαλόνια.	Θα φορέσει την κόκκινη φούστα.	Τραγουδάει.

4 Τι θα φορέσουν τα παιδιά στο πάρτι; Ενώνεις τις εικόνες με τα παιδιά και λες στην τάξη.

Άννα

Μαρία

Σωτήρης

μπλούζα
παπούτσια
πουκάμισο
φούστα
φόρεμα
παντελόνι

25

5 Ποια λέξη έχει την ίδια σημασία με την υπογραμμισμένη λέξη; Βάζεις σε κύκλο το σωστό.

0. Η Ελένη <u>βάζει</u> τη γιρλάντα στην κουρτίνα.
   α. φουσκώνει
   (β.) κρεμάει
   γ. φοράει

1. Η Ελένη <u>παίρνει τηλέφωνο</u> στη φίλη της.
   α. μιλάει
   β. λέει
   γ. τηλεφωνεί

2. Η Ελένη <u>ετοιμάζει</u> τα μπαλόνια.
   α. φουσκώνει
   β. βάζει
   γ. αγοράζει

3. Η Ελένη <u>ετοιμάζει</u> τις προσκλήσεις.
   α. παίρνει
   β. αγοράζει
   γ. γράφει

6 Βλέπεις τις εικόνες και βρίσκεις τις διαφορές.

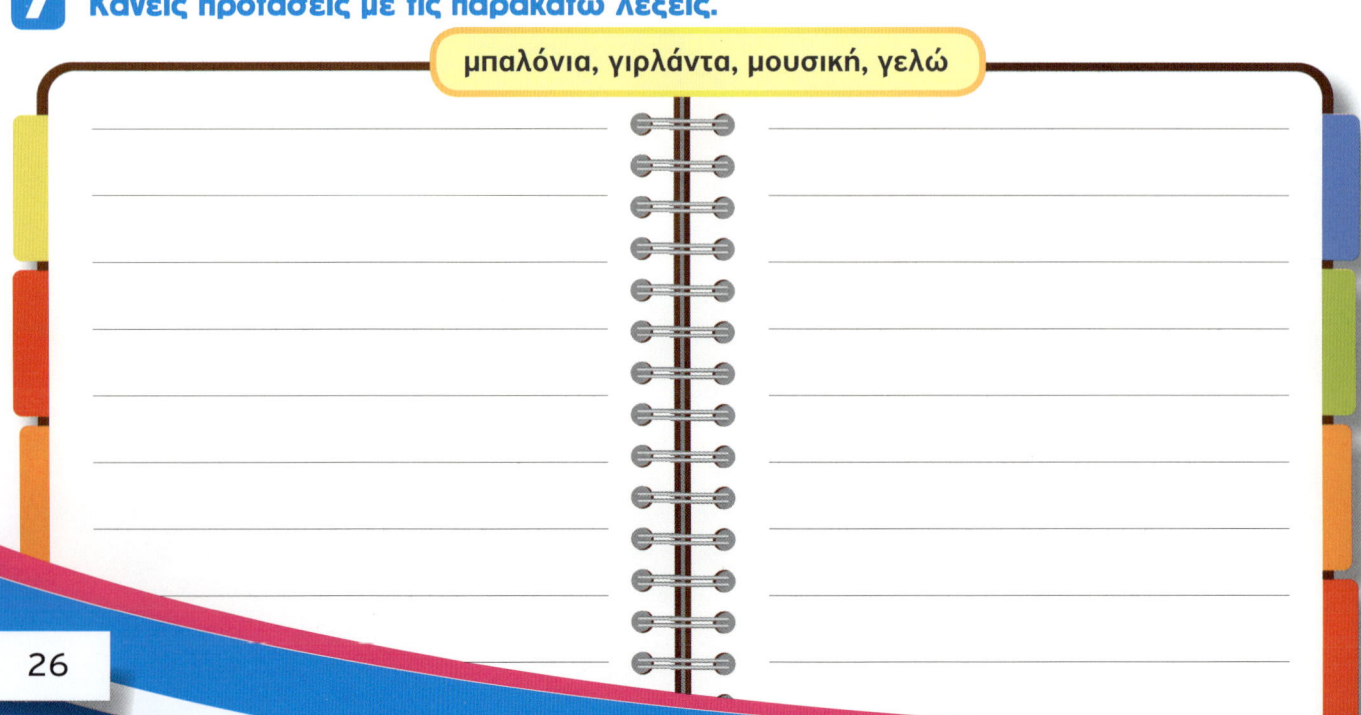

7 Κάνεις προτάσεις με τις παρακάτω λέξεις.

μπαλόνια, γιρλάντα, μουσική, γελώ

8 Τι θα φορέσουν αύριο; Κάνεις τον λαβύρινθο και γράφεις τις απαντήσεις.

1. Ο Κώστας _____.

2. Η Ελένη _____.

3. Η μαμά _____.

ΤΩΡΑ/ΣΥΝΗΘΩΣ	ΜΕΤΑ
μιλάω (-ώ) (απαντώ, βοηθώ, ξυπνώ, κρατώ, περπατώ, ρωτώ, σταματώ, αργώ, τηλεφωνώ)	**θα** μιλ**ήσω**
γελάω (-ώ) (πεινάω, διψάω, περνώ, ξεχνώ)	**θα** γελ**άσω**
φοράω (-ώ) (πονάω, καλώ, μπορώ)	**θα** φορ**έσω**

εγώ	θα μιλ**ήσω**
εσύ	θα μιλ**ήσεις**
αυτός/αυτή/αυτό	θα μιλ**ήσει**
εμείς	θα μιλ**ήσουμε**
εσείς	θα μιλ**ήσετε**
αυτοί/αυτές/αυτά	θα μιλ**ήσουν(ε)**

Ενότητα 19

9 Συμπληρώνεις τα κενά.

0. Γρήγορα, Μανόλη! _Θα αργήσεις_
(αργώ) στο σχολείο.

1. - Στο πάρτι θα είναι και ο Γιώργος.
- Ωραία. Ο Γιώργος είναι πολύ αστείος.
_____ (γελώ) πολύ μαζί του.

2. - Πόσων χρονών είσαι, Δημήτρη;
- Δεν ξέρω. _____ (ρωτάω)
τη μαμά μου.

3. Κορίτσια, τι _____ (φοράω)
στο πάρτι;

4. - Ελένη, _____ (καλώ) την
Αλίκη στο πάρτι; - Ναι, φυσικά!

5. Αύριο είναι Κυριακή. Τέλεια!
_____ (ξυπνάω) αργά!

10 Γίνεστε ζευγάρια και λύνετε τις σπαζοκεφαλιές.

1 Ο Γιώργος ταξιδεύει. Δεν έχει φαγητό μαζί του. **Τι θα κάνει;**

2 Ο Γιώργος και η Ελένη αύριο φεύγουν πολύ νωρίς το πρωί. **Τι θα κάνουν;**

3 Η Μαρίνα κρατάει το τηλέφωνό της. **Τι θα κάνει;**

4 Η Σοφία και ο Γιάννης φοράνε αθλητικά παπούτσια. **Τι θα κάνουν;**

5 Το κουδούνι χτυπάει στις 8. Είναι 8:10. Ο Νίκος και η Βασιλική είναι ακόμη σπίτι. **Τι θα κάνουν;**

11 Ψαρεύεις το Σωστό και το Λάθος.

Σωστό **Λάθος**

Θα βοηθάσεις τον αδερφό μου στα Μαθηματικά;

Όχι σοκολάτες! Θα πονέσει η κοιλιά σου!

Η Ελπίδα θα τηλεφωνέσει σε λίγο.

Αύριο θα φοράσω το μπλε φόρεμα.

Αύριο θα τηλεφωνήσω στη μαμά μου.

Θα καλέσουμε τη Νόρα στο πάρτι;

Δεν έχει ούτε νερό ούτε φαγητό. Αχ! Θα διψάσουμε και θα πεινάσουμε.

12 Τι θα κάνουν αύριο ο Γιώργος, ο Πέτρος και η Άννα; Κάνεις μια ιστορία με τις παρακάτω λέξεις.

ξυπνάω, περπατάω, πεινάω, καλώ, αργώ

13 Ακούς τον διάλογο και συμπληρώνεις την πρόσκληση.
(cd 2, 6)

Διαβάζεις με προσοχή την πρόσκληση. Καταλαβαίνεις όλες τις λέξεις;

Νίκο, σε λίγες μέρες έχω τα γενέθλιά μου και κάνω πάρτι! Σε περιμένω!

Θα περάσουμε τέλεια!

Ημερομηνία:

Ώρα:

Διεύθυνση:

Όροφος:

Τηλέφωνο:

14 Ακούς ξανά τον διάλογο και γράφεις μια πρόσκληση για το πάρτι σου.

Μουσικό διάλειμμα
(cd 2, 7)

Τούρτα, κεράκια, πάρτι, γιορτή,
το σπίτι γεμίζουν φίλοι καλοί.
Γέλια, τραγούδια, παιχνίδια, χορός,
στο πάρτι μου γίνεται πάντα χαμός.
Έρχονται οι φίλοι με δώρα κι ευχές,
πόσο μ' αρέσουν αυτές οι γιορτές!
Γέλια, τραγούδια, παιχνίδια, χορός,
στο πάρτι μου γίνεται πάντα χαμός.

Ενότητα 19

Ενότητα 20 — Ένα δώρο για την Ελένη

Βλέπεις τον τίτλο. Για τι μιλούν τα κορίτσια;

1 Διαβάζεις τους διαλόγους και ενώνεις τις προτάσεις.

— Γεια σας, κορίτσια! Τι κάνετε;
— Γεια σου, Μαρία! Πηγαίνουμε στην αγορά. Θα αγοράσουμε ένα δώρο για την Ελένη.
— Καλά λες... Αύριο η Ελένη έχει πάρτι. Θα έρθω κι εγώ μαζί σας...

— Τι θα πάρεις, Άννα;
— Εγώ πάντα παίρνω βιβλία. Και για την Ελένη ένα βιβλίο θα πάρω.
— Εσύ, Δέσποινα;
— Δεν ξέρω... Κορίτσια, θα πάμε στο «Ρεγκάλο». Εκεί πάντα βρίσκω ωραία πράγματα. Σίγουρα θα βρούμε πολύ ωραία δώρα.

— Α, να και ο Γιώργος!
— Γεια σου, Γιώργο! Θα έρθεις αύριο στο πάρτι;
— Όχι. Αύριο θα φύγω διακοπές.

— Κρίμα... θα περάσουμε πολύ ωραία... θα φάμε, θα πιούμε, θα τραγουδήσουμε, θα χορέψουμε...
— Δεν πειράζει, κορίτσια. Χαιρετίσματα στην Ελένη.
— Εντάξει, θα δώσουμε χαιρετίσματα. Καλές διακοπές!

	ΠΡΩΤΟΣ ΠΙΝΑΚΑΣ	ΔΕΥΤΕΡΟΣ ΠΙΝΑΚΑΣ	
0.	Η Μαρία	δεν θα πάει στο πάρτι.	
1.	Η Ελένη	θα αγοράσει ένα βιβλίο.	
2.	Η Άννα	δεν είναι με τα κορίτσια στην αγορά.	
3.	Η Δέσποινα	πηγαίνει στην αγορά με την Άννα και τη Δέσποινα.	0
4.	Ο Γιώργος	ψωνίζει δώρα από το «Ρεγκάλο».	

2 Διαβάζεις ξανά τους διαλόγους. Εσύ τι δώρα αγοράζεις για τους φίλους σου;

3 Ενώνεις τα παζλ και βρίσκεις τα ζευγάρια.

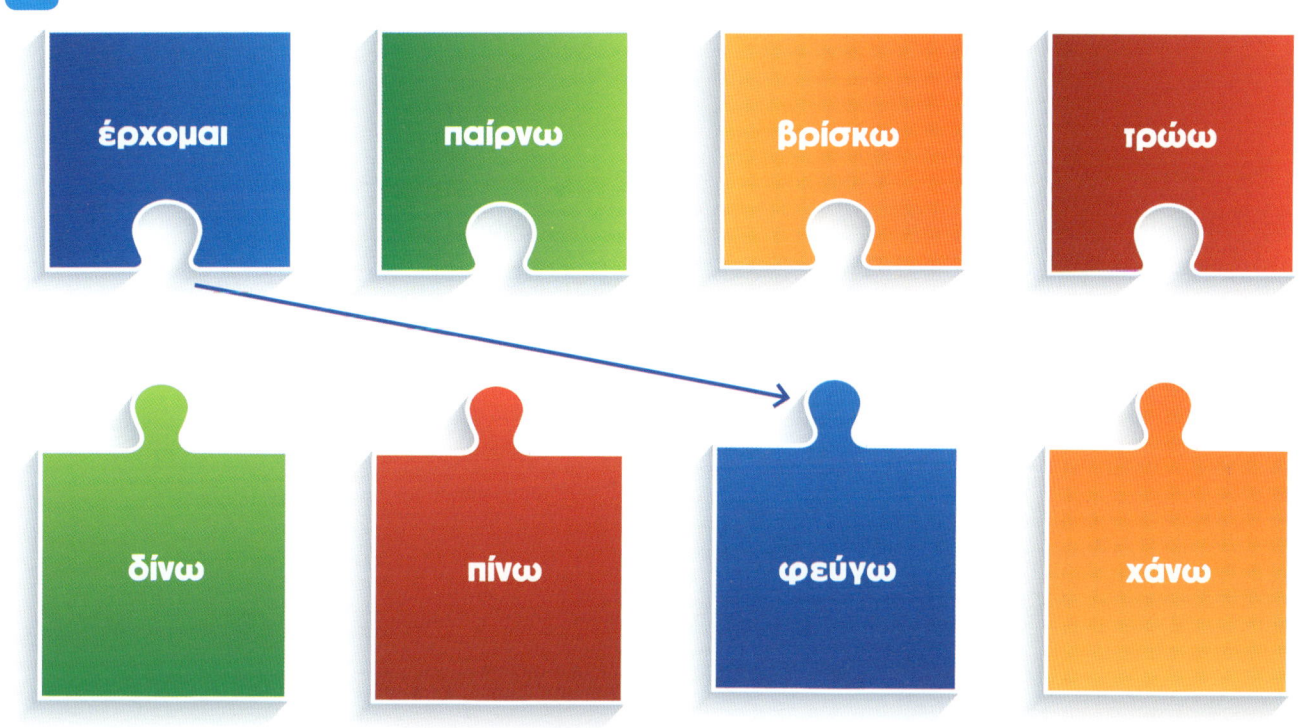

| έρχομαι | παίρνω | βρίσκω | τρώω |

| δίνω | πίνω | φεύγω | χάνω |

4 Συμπληρώνεις τα κενά με τις παρακάτω λέξεις. χάνω, βρίσκει, φεύγει, παίρνω, έρχεται

Κάθε απόγευμα ⁰ ___παίρνω___ το ποδήλατό μου και πηγαίνω στο πάρκο. Εκεί βλέπω πάντα τον κύριο Βαγγέλη με τον σκύλο του, τον Φοξ. ¹_____ στις 5. Ο σκύλος του είναι πολύ καλός. Παίζουμε πολλά παιχνίδια μαζί. Παίζουμε με την μπάλα, αλλά παίζουμε και κυνηγητό. Αγαπώ πολύ τον Φοξ. Μερικές φορές στο παιχνίδι ²_____ την μπάλα μου. Ο Φοξ ³_____ πάντα την μπάλα. Είναι πολύ έξυπνος! Μετά από μία ώρα ο κύριος Βαγγέλης φωνάζει τον σκύλο και ⁴_____.

31

5 Βάζεις σε κύκλο το σωστό.

0 Πού είναι η Έλλη; Να, φεύγει / (έρχεται) εδώ.

2 Ο Αποστόλης είναι πολύ καλός στα Μαθηματικά. Βρίσκει / Χάνει πάντα τη λύση σε όλα τα προβλήματα.

1 Η Όλγα δίνει / παίρνει συνέχεια τις μπογιές μου. Δεν έχει ποτέ μπογιές στην τσάντα της.

3 Η Πέρσα είναι στην κουζίνα και τρώει / πίνει χυμό.

6 Γίνεστε ζευγάρια, συμπληρώνετε το σταυρόλεξο και κάνετε προτάσεις με τις λέξεις.

Κάθε πρωί φεύγω από το σπίτι στις 8 η ώρα.

0 Γ Ε Ω Φ Υ

0 Φ Ε Υ Γ Ω

3 Μ Ο Ρ Ε Χ Α Ι

1 Ω Ν Α Χ

4 Ν Ι Ω Δ

2 Ρ Α Π Ι Ν Ω

32

7 Τι θα φάνε τα παιδιά στο πάρτι; Κάνεις τον λαβύρινθο και γράφεις τις απαντήσεις.

1. Η Ελένη _____.

2. Ο Αποστόλης _____.

3. Ο Γιάννης και ο Δημήτρης _____.

4. Η Σοφία και η Δήμητρα _____.

33

Ενότητα 20

ΤΩΡΑ	ΜΕΤΑ
βάζω	θα βάλω
βγάζω	θα βγάλω
βλέπω	θα δω
δίνω	θα δώσω
είμαι	θα είμαι
έρχομαι	θα έρθω
έχω	θα έχω
κάνω	θα κάνω
καταλαβαίνω	θα καταλάβω
λέω	θα πω
μαθαίνω	θα μάθω
μπαίνω	θα μπω
παίρνω	θα πάρω
πηγαίνω	θα πάω
πίνω	θα πιω
πλένω	θα πλύνω
τρώω	θα φάω
φεύγω	θα φύγω

εγώ	θα βάλω
εσύ	θα βάλεις
αυτός/αυτή/αυτό	θα βάλει
εμείς	θα βάλουμε
εσείς	θα βάλετε
αυτοί/αυτές/αυτά	θα βάλουν(ε)

εγώ	θα δω
εσύ	θα δεις
αυτός/αυτή/αυτό	θα δει
εμείς	θα δούμε
εσείς	θα δείτε
αυτοί/αυτές/αυτά	θα δούνε / δουν

εγώ	θα είμαι
εσύ	θα είσαι
αυτός/αυτή/αυτό	θα είναι
εμείς	θα είμαστε
εσείς	θα είστε
αυτοί/αυτές/αυτά	θα είναι

εγώ	θα φάω
εσύ	θα φας
αυτός/αυτή/αυτό	θα φάει
εμείς	θα φάμε
εσείς	θα φάτε
αυτοί/αυτές/αυτά	θα φάνε / φαν

8 Βάζεις σε κύκλο το σωστό.

0. Παιδιά, εγώ αύριο δεν (θα έρθω) / θα έρθουμε στο πάρκο.
1. Παιδιά, είναι μεσημέρι. Θα φάμε / Θα φας;
2. Το απόγευμα θα πάτε / θα πάω στο σινεμά με τους φίλους μου. Θα δούμε / Θα δεις μια ωραία ταινία.
3. Πέτρο, Νίκο, πότε θα δώσεις / θα δώσετε εξετάσεις στα Αγγλικά;
4. Εσείς πότε θα πάτε / θα πας εκδρομή με το σχολείο;
5. Εγώ και η Μαρία αύριο θα πάρουμε / θα πάρει δώρο για την Ελένη.

9 Γίνεστε ζευγάρια και λύνετε τις σπαζοκεφαλιές.

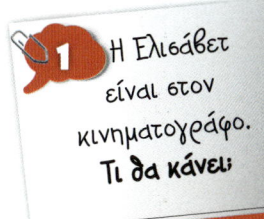

1. Η Ελισάβετ είναι στον κινηματογράφο. **Τι θα κάνει;**
2. Ο Αλέκος κρατάει ένα ποτήρι με νερό. **Τι θα κάνει;**
3. Η Ελένη και η Ελίνα είναι σε μια ταβέρνα. **Τι θα κάνουν;**
4. Η Νόπη είναι σε ένα μαγαζί με δώρα. **Τι θα κάνει;**
5. Η Πέρσα είναι στο αεροδρόμιο. **Τι θα κάνει;**

10 Ψαρεύεις το Σωστό και το Λάθος.

Σωστό — **Λάθος**

- Το Σαββατοκύριακο θα φείτε έξω;
- Θα δείτε την ταινία σήμερα το βράδυ στην τηλεόραση;
- Θα βρίξω ένα ωραίο δώρο για την Ελένη.
- Θα καταλάβεις σε λίγο.
- Θα μπεις στο αυτοκίνητο;
- Τι θα βαλέσεις αύριο στο πάρτι.

11 Τι θα κάνει η οικογένειά σου το Σαββατοκύριακο; Κάνεις μια ιστορία με τις παρακάτω λέξεις.

βάζω, βγάζω, βλέπω, δίνω, έρχομαι, έχω, κάνω, καταλαβαίνω, λέω, μπαίνω, παίρνω, πηγαίνω, πίνω, τρώω, φεύγω

Ενότητα 20

12 Ακούς τον διάλογο και βάζεις σε κύκλο τη σωστή απάντηση.
(cd 2, 8)

Ακούς προσεκτικά τον διάλογο και κρατάς σημειώσεις. Ποια είναι η Μαρία και ποια η Άννα;

Μουσικό διάλειμμα
(cd 2, 9)

Πάει ο Σκρουτζ στην αγορά,
δώρα ψάχνει για παιδιά,
θέλει κάτι όμορφο,
όμορφο μα και φθηνό.
Πάει ο Σκρουτζ στην αγορά,
δώρα ψάχνει για παπιά,
δεν ψωνίζει ακριβά,
δεν ξοδεύει χρήματα.
Αχ, κύριε Σκρουτζ, μην κοιτάτε τις τιμές,
όλες είναι ακριβές, αχ ακριβές!
Όμως, εσείς έχετε πολλά λεφτά,
δώρα πάρτε όμορφα...

0. Στην Άννα δεν αρέσουν
   α. τα βιβλία.
   β. οι κούκλες.
   γ. τα ρούχα.

1. Η Μαρία θα αγοράσει για την Ελένη ένα
   α. ημερολόγιο.
   β. βιβλίο.
   γ. παιχνίδι.

2. Η Άννα θα αγοράσει για την Ελένη ένα
   α. ημερολόγιο.
   β. βιβλίο.
   γ. παιχνίδι.

3. Η Άννα θα αγοράσει ένα
   α. κόκκινο φόρεμα.
   β. παντελόνι κι ένα πουκάμισο.
   γ. παντελόνι και μια μπλούζα.

4. Η Μαρία θα αγοράσει
   α. ένα φόρεμα.
   β. μια φούστα.
   γ. ένα παντελόνι.

13 Ακούς ξανά και λες την ιστορία στην τάξη.

Μουσικό διάλειμμα
(cd 2, 10)

Να ζήσεις, Δημήτρη, και χρόνια πολλά!
Μεγάλος να γίνεις με άσπρα μαλλιά.
Παντού να σκορπίζεις της γνώσης το φως
και όλοι να λένε «Να ένας σοφός!».

Παραγωγή Προφορικού Λόγου

- Πώς περνάς το Σαββατοκύριακο;
- Ποιο άθλημα προτιμάς;
- Τι μουσική ακούς;
- Πότε έχεις γενέθλια; Κάνεις πάρτι;
- Πώς περνάτε στα πάρτι που κάνετε;
- Ποιες ταινίες σού αρέσουν;
- Ποια δώρα σού αρέσουν;

1 Τι βλέπεις στην εικόνα; Βάζεις ✓ στις προτάσεις.

ΧΡΟΝΙΑ ΠΟΛΛΑ ΜΑΡΙΑ

Η Μαρία έχει γενέθλια.	
Η Μαρία ανοίγει δώρα.	
Τα παιδιά κρατούν μπαλόνια.	
Όλοι είναι χαρούμενοι.	
Η Μαρία σβήνει κεράκια.	
Τα παιδιά φοράνε καπέλα.	
Η μαμά βγάζει φωτογραφίες.	

2 Τι βλέπεις στην εικόνα; Απαντάς στις ερωτήσεις.

Ποιοι είναι στην εικόνα;

Πού είναι;

Τι κάνουν;

Τι θα κάνουν σε λίγο;

37

Παραγωγή Προφορικού Λόγου

3 Ακούς τον διάλογο και συμπληρώνεις τα κενά.

Μιχάλης: Γεια σου, Γιάννη! Τι κάνεις;
Γιάννης: Α, γεια σου, Μιχάλη! Καλά, εσύ;
Μιχάλης: Καλά. Θα πάμε στον ⁰ _κινηματογράφο_ αυτό το Σαββατοκύριακο;
Γιάννης: Ποια ¹_____ έχει;
Μιχάλης: Δεν ξέρω. Θα δούμε...
Γιάννης: Αυτό το Σαββατοκύριακο έχει ²_____ ο Πέτρος.
Μιχάλης: Αχ, αυτό είναι;
Γιάννης: Έτσι νομίζω. Το Σάββατο.
Μιχάλης: Αυτό είναι. Καλά λες. Δεν θα πάμε ³_____. Δεν πειράζει...
Γιάννης: Τι θα κάνουμε για το πάρτι; Θα κάνουμε έκπληξη στον Πέτρο;
Μιχάλης: Τι έκπληξη;
Γιάννης: Δεν ξέρω... θα δούμε...
Μιχάλης: Ναι! Ναι! Καλή ιδέα.
Γιάννης: Ωραία. Επίσης, θα πάρουμε μαζί ένα ⁴_____;
Μιχάλης: Ναι, βέβαια. Τι δώρο;
Γιάννης: Ε, δεν ξέρω... Αύριο τα ⁵_____ είναι ανοιχτά. Θα πάμε σ' ένα μαγαζί και θα αγοράσουμε κάτι.
Μιχάλης: Ένα βιβλίο ίσως...
Γιάννης: Θα δούμε, θα δούμε...

4 Γίνεστε ζευγάρια και παίζετε το παιχνίδι ρόλων.

Α΄ ρόλος
Σαββατοκύριακο

Αυτό το Σαββατοκύριακο έχει πάρτι ένας/μια φίλος/η σου και συζητάτε για τις ετοιμασίες. Ρωτάς ποιους θα καλέσει, τι φαγητά θα ετοιμάσει, τι ρούχα θα φορέσει.

Β΄ ρόλος
Σαββατοκύριακο

Αυτό το Σαββατοκύριακο έχεις πάρτι και συζητάς με έναν/μια φίλο/η σου για τις ετοιμασίες. Λες ποιους θα καλέσεις, τι φαγητά θα ετοιμάσεις, τι ρούχα θα φορέσεις.

Παραγωγή Γραπτού Λόγου

1 Η Νάντια γράφει μια πρόσκληση για τον Κώστα για τα γενέθλιά της. Βλέπεις τις εικόνες και συμπληρώνεις τα κενά με τις λέξεις.

> μαμά, Σαββατοκύριακο, διεύθυνσή, γενέθλιά, καλέσω

Γεια σου, Κώστα!
Το ⁰ _Σαββατοκύριακο_ θα κάνω πάρτι. Έχω τα
¹_____ μου. Θα έρθεις;
Το πάρτι είναι το Σάββατο, στις 6 το απόγευμα.
Θα περάσουμε πολύ καλά. Θα τραγουδήσουμε,
θα χορέψουμε, θα φάμε και θα πιούμε.
Θα ²_____ πολλά παιδιά. Η
³_____ μου θα ετοιμάσει πολλά πράγματα.
Θα βοηθήσω κι εγώ. Θα κάνουμε πίτσες, τυροπιτάκια
και τούρτα! Σε περιμένω! Το Σάββατο στις 6.
Η ⁴_____ μου είναι Αλικαρνασσού 10.
Φιλιά,
Νάντια

2 Ο Κώστας γράφει ένα γράμμα στον Πέτρο και λέει πώς θα περάσει το Σαββατοκύριακο. Βλέπεις τις εικόνες και γράφεις το γράμμα.

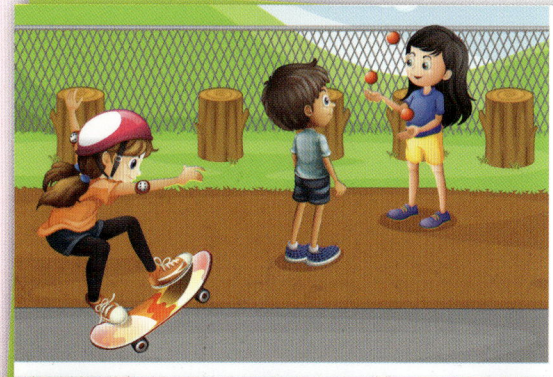

_____
_____
_____
_____
_____
_____
_____
_____
_____

Παραγωγή Γραπτού Λόγου

Θυμάσαι;

1 Βρίσκεις τη λέξη που δεν ταιριάζει και τη ζωγραφίζεις.

- δώρο / βιβλίο / πατατάκια / παιχνίδι
- πάρτι / μπαλόνι / γιολάντες / γήπεδο
- κινηματογράφος / μπαλόνια / ταινία / ηθοποιός
- ρούχα / μπλούζα / παπούτσια / παντελόνι

2 Βλέπεις τις εικόνες, συμπληρώνεις το σταυρόλεξο και κάνεις μια ιστορία με τις λέξεις.

Π
Α
Ι
Δ
Ο
Τ
Ο
Π
Ο
Σ

3 Συνεχίζεις τις προτάσεις.

1. Θα κάνω πάρτι.
θα ετοιμάσω _____

2. Θα πάω σε ένα πάρτι.
θα αγοράσω _____

3. Θα πάω στο σινεμά.
θα δω _____

4. Θα πάω στο πάρκο.
θα παίξω _____

4 Βάζεις σε κύκλο το σωστό.

0. Παιδιά, τι μουσική
  α. ακούς;
  β. ακούμε;
  (γ.) ακούτε;

1. Ακούτε ελληνική μουσική, κυρία Μαρία;
  α. Όχι, δεν ακούμε.
  β. Όχι, δεν ακούτε.
  γ. Όχι, δεν ακούω.

2. Πού πας, Δημήτρη;
  α. Πάω στο σινεμά.
  β. Πάμε στο σινεμά.
  γ. Πας στο σινεμά.

3. Τρώτε γαριδάκια, παιδιά;
  α. Όχι, δεν τρώτε.
  β. Όχι, δεν τρώμε.
  γ. Όχι, δεν τρώνε.

4. Τι ώρα κοιμάσαι το βράδυ;
  α. Κοιμάμαι στις 9.
  β. Κοιμόμαστε στις 9.
  γ. Κοιμούνται στις 9.

5. Τι ώρα έρχεται ο Γιάννης το μεσημέρι;
  α. Έρχεται στις 2.
  β. Έρχονται στις 2.
  γ. Έρχομαι στις 2.

5 Συμπληρώνεις τα κενά.

0. Η μαμά _θα βγάλει_ (βγάζω) τον σκύλο βόλτα.
1. Τα μαγαζιά _____ (ανοίγω) σε λίγο.
2. Τα παιδιά _____ (χορεύω) στο πάρτι;
3. Μαρία, τι ώρα _____ (ξυπνώ) αύριο το πρωί;
4. Η Μαρία _____ (βοηθώ) τη μαμά της στις δουλειές για το πάρτι.
5. Κορίτσια, _____ (παίζω) μαζί το Σαββατοκύριακο;
6. Ποιος _____ (φουσκώνω) όλα αυτά τα μπαλόνια;
7. Ο Μιχάλης δεν _____ (έρχομαι) αύριο στο σχολείο.

6 Τι θα κάνουν τα παιδιά σε κάθε εικόνα;

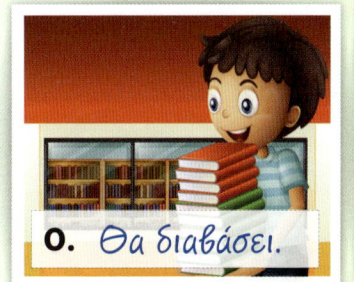

0. Θα διαβάσει.
1.
2.
3.

Διαλέγεις μια από τις παρακάτω λέξεις και την περιγράφεις στην τάξη χωρίς να μιλήσεις.

ξυπνώ, πίνω, κοιμάμαι, βγαίνω, χορεύω, φουσκώνω, δίνω

Θυμάσαι;

Επιτραπέζιο παιχνίδι

36 ΤΕΛΟΣ

35 Κάνεις μια πρόταση με τη λέξη

34 Πηγαίνεις πάλι στην αρχή.

33 Κάνεις μια πρόταση με τη λέξη

32

19 Κάνεις μια πρόταση με τη λέξη

20 Πηγαίνεις δύο βήματα πίσω.

21 Κάνεις μια πρόταση με τη λέξη

22 Πώς περνάτε σε ένα πάρτι με τους φίλους σου;

23

18 Πηγαίνεις δύο βήματα μπροστά.

17 Κάνεις μια πρόταση με τη λέξη

16 Παίρνεις δώρα για τους φίλους σου;

15 Κάνεις μια πρόταση με τη λέξη

1 ΑΡΧΗ

2 Πόσο συχνά πηγαίνεις στον κινηματογράφο;

3 Κάνεις μια πρόταση με τη λέξη

4 Ποιες ταινίες σού αρέσουν;

5

31 Κάνεις μια πρόταση με τη λέξη 🥪	30 Βοηθάς τη μαμά σου στις δουλειές;	29 Κάνεις μια πρόταση με τη λέξη 🎬	28 Τι δώρα αγοράζεις για τους φίλους σου;
24 Πηγαίνεις δύο βήματα μπροστά.	25 Κάνεις μια πρόταση με τη λέξη 🧀	26 Πηγαίνεις δύο βήματα πίσω.	27 Κάνεις μια πρόταση με τη λέξη 🎭
13 Κάνεις μια πρόταση με τη λέξη	12 Ποια είναι ωραία φαγητά για ένα πάρτι;	11 Κάνεις μια πρόταση με τη λέξη 👗	10 Τι ώρα κοιμάσαι και τι ώρα ξυπνάς το Σαββατοκύριακο;
6 Πώς περνάς ένα Σαββατοκύριακο στο χωριό;	7 Κάνεις μια πρόταση με τη λέξη 🏰	8 Τι ώρα κοιμάσαι κάθε βράδυ και τι ώρα ξυπνάς κάθε πρωί;	9 Κάνεις μια πρόταση με τη λέξη 👖

Ενότητα 21

Πώς πηγαίνεις στο σχολείο;

Περιγράφεις την εικόνα.
Πού είναι τα παιδιά;
Πού πηγαίνουν;
Πώς πηγαίνουν;

1 Διαβάζεις τους διαλόγους και βάζεις ✓ κάτω από το ΣΩΣΤΟ ή κάτω από το ΛΑΘΟΣ.

Είναι Δευτέρα πρωί. Ο Γιώργος πηγαίνει στο σχολείο με το αυτοκίνητο. Ο μπαμπάς του οδηγεί και ακούει μουσική. Ο Γιώργος κοιτάει έξω από το παράθυρο. Βλέπει τα αυτοκίνητα, τα λεωφορεία και τα ταξί στον δρόμο. Οι άνθρωποι περιμένουν στη στάση ή περπατάνε γρήγορα για τη δουλειά τους. Ξαφνικά, βλέπει έναν συμμαθητή του, τον Νίκο.

Ε! Νίκο, γεια! Στο σχολείο πηγαίνεις; Θα έρθεις μαζί μας;

Α! Γεια σου, Γιώργο! Όχι, ευχαριστώ. Θα πάω με τα πόδια. Θα τα πούμε στο σχολείο.

Καλημέρα! Θα σας περάσω όλους με το ποδήλατό μου.

Γεια σου, Μάριε!

		ΣΩΣΤΟ	ΛΑΘΟΣ
0.	Είναι Τρίτη απόγευμα.		✓
1.	Ο Γιώργος πηγαίνει στο σχολείο με τον μπαμπά του.		
2.	Ο μπαμπάς του οδηγεί ταξί.		
3.	Ο Γιώργος συναντά στον δρόμο τον δάσκαλό του.		
4.	Ο Νίκος πηγαίνει στο σχολείο με το λεωφορείο.		
5.	Ο Μάριος πηγαίνει στο σχολείο με το ποδήλατό του.		

2 Διαβάζεις ξανά τους παραπάνω διαλόγους. Πώς πηγαίνεις εσύ κάθε μέρα στο σχολείο σου;

3 Ακολουθείς τον λαβύρινθο, βλέπεις τα γράμματα και γράφεις τις λέξεις.

βάρκα

4 Γράφεις τις λέξεις από την άσκηση 3 κάτω από τη σωστή στήλη.

Στεριά	Θάλασσα	Αέρας
	βάρκα	

45

5 Βρίσκεις τις κρυμμένες λέξεις και ενώνεις με τις εικόνες.

Α	Τ	Ρ	Ε	Ν	Ο	Ν	Λ	Κ	Λ
Β	Η	Θ	Λ	Ι	Κ	Μ	Ξ	Ν	Ε
Π	Ο	Π	Ι	Σ	Υ	Η	Φ	Χ	Ω
Ο	Ο	Ρ	Κ	Τ	Ρ	Χ	Τ	Δ	Φ
Δ	Γ	Φ	Ο	Β	Δ	Α	Β	Γ	Ο
Η	Κ	Α	Π	Α	Ε	Ν	Ρ	Π	Ρ
Λ	Ε	Κ	Τ	Κ	Β	Η	Γ	Ξ	Ε
Α	Π	Ρ	Ε	Β	Ρ	Α	Γ	Π	Ι
Τ	Λ	Θ	Ρ	Α	Π	Χ	Λ	Λ	Ο
Ο	Ψ	Φ	Ο	Ρ	Τ	Η	Γ	Ο	Σ
Γ	Χ	Ξ	Ν	Κ	Β	Ψ	Ο	Ι	Α
Δ	Η	Λ	Γ	Α	Δ	Α	Δ	Ο	Ζ
Ε	Τ	Α	Σ	Ζ	Ρ	Μ	Α	Ω	Χ
Ζ	Α	Ε	Ρ	Ο	Π	Λ	Α	Ν	Ο
Α	Υ	Τ	Ο	Κ	Ι	Ν	Η	Τ	Ο

46

6 **Διαβάζεις τις προτάσεις και ενώνεις με τις εικόνες.**

0. Ο κύριος Κώστας είναι καπετάνιος. Ταξιδεύει συνέχεια με το πλοίο. Τώρα είναι στο λιμάνι.
1. Η Μαρίνα και η Σοφία είναι στον σταθμό. Θα βγάλουν εισιτήριο και θα μπουν στο μετρό. Πίσω τους είναι ένας κύριος που μιλάει στο τηλέφωνο.
2. Ο Παύλος είναι πιλότος και η Στέλλα αεροσυνοδός. Ταξιδεύουν πολύ με το αεροπλάνο. Τώρα είναι στο αεροδρόμιο.
3. Ο Αντώνης είναι στη στάση. Περιμένει το λεωφορείο.
4. Η Ελένη κάθε μέρα πηγαίνει στη δουλειά της με τα πόδια.
5. Ο Αντώνης και η Φωτεινή είναι με τη μαμά τους στον σταθμό με τα τρένα. Κρατάνε τις τσάντες τους. Θα πάνε στο σχολείο!

7 Συμπληρώνεις τα κενά με τις παρακάτω λέξεις / φράσεις.

> αεροδρόμιο, με τα πόδια, πλοίο, ποδήλατο, βάρκα, εισιτήριο, στάση, τρένο, αυτοκίνητο, λιμάνι, λεωφορεία

0. Κάθε απόγευμα πηγαίνω στο πάρκο και κάνω ___ποδήλατο___.

1. Ταξιδεύω με το _____ και βλέπω από το παράθυρό μου τη φύση, τα βουνά και τα δέντρα.

2. Τα σχολικά _____ είναι κίτρινα.

3. Τα καλοκαίρια με τον θείο μου παίρνουμε τη _____ και πηγαίνουμε για ψάρεμα.

4. Το _____ φτάνει στο λιμάνι στις 7 το απόγευμα.

5. Το _____ για το λεωφορείο μέσα στην πόλη κάνει 1€.

6. Ο μπαμπάς πρώτα πηγαίνει εμένα και την αδερφή μου στο σχολείο με το _____ και μετά συνεχίζει για το γραφείο του.

7. Το λεωφορείο αυτό κάνει _____ μπροστά στο σπίτι μου.

8. Ο Πειραιάς έχει μεγάλο _____. Φεύγουν πλοία για όλο τον κόσμο κάθε μέρα.

9. Αύριο θα έρθει η ξαδέλφη μου από την Αμερική. Θα την περιμένω μαζί με τη μαμά στο _____.

10. Στο γυμναστήριο πηγαίνω _____. Είναι πολύ κοντά στο σπίτι μου.

8 Γίνεστε ζευγάρια και κάνετε προτάσεις με τις παρακάτω λέξεις / φράσεις.

> με τα πόδια, ποδήλατο, στάση, τρένο, αυτοκίνητο, σταθμός, εισιτήριο, αεροπλάνο

9 Διαβάζεις το κείμενο. Ενώνεις τις ερωτήσεις με τις απαντήσεις.

Από: Ιωάννα
Προς: Μαίρη

Μαίρη μου, γεια σου!

Σ' ευχαριστώ για την πρόσκληση. Θα έρθω αύριο στο σπίτι σου.

Ποιο λεωφορείο θα πάρω; Το 25 ή το 29; Σε ποια στάση θα κατέβω και σε πόση ώρα θα φτάσω στο σπίτι σου;

Ποιος θα είναι εκεί; Οι γονείς σου θα είναι στη δουλειά;

Α! Τι θα φάμε για μεσημεριανό;
Ιωάννα

Ιωάννα

- Ποιο λεωφορείο θα πάρω;
- Σε ποια στάση είναι το σπίτι σου;
- Σε πόση ώρα θα φτάσω;
- Ποιος θα είναι στο σπίτι;
- Τι θα φάμε για μεσημεριανό;

Μαίρη

- Θα φάμε πίτσα.
- Θα πάρεις το λεωφορείο 25.
- Θα φτάσεις στο σπίτι μου σε είκοσι πέντε λεπτά.
- Το σπίτι μου είναι κοντά στη στάση «Ρολόι».
- Στο σπίτι θα είναι ο αδελφός μου.

ποιος; ποια; ποιο;	ποιοι; ποιες; ποια;
(σε) ποιον; (σε) ποια; (σε) ποιο;	(σε) ποιους; (σε) ποιες; (σε) ποια;
πόσος; πόση; πόσο;	πόσοι; πόσες; πόσα;
τι;	

Ενότητα 21

10 Βάζεις σε κύκλο το σωστό.

0. - (Ποιες) / Ποιος θα δούμε στον κινηματογράφο;
   - Την Ελένη και τη Βασιλική.
1. - Ποια / Ποιες τραγούδια σου αρέσουν;
   - Τα ιταλικά.
2. - Πόση / Πόσο ώρα περιμένετε στη στάση;
   - Σχεδόν 10 λεπτά.
3. - Σε ποιους / Ποιους αρέσουν οι πατάτες;
   - Στον Μάκη και τον Τάκη.
4. - Ποια / Ποιο μιλάει στη μαμά σου;
   - Η θεία μου η Άννα.
5. - Τι / Ποιο θα φάμε για μεσημεριανό;
   - Αβγά με πατάτες.
6. - Σε ποιους / Ποιους θα δεις στο γυμναστήριο;
   - Τον Κυριάκο και τον Κοσμά.

11 Συμπληρώνεις τα κενά.

0. - _Ποιος_ γιορτάζει σήμερα;
   - Ο Κώστας.
1. - _____ θα έρθουν για μπάσκετ; - Ο Γιώργος και η Χαρά.
2. - _____ κάνει το εισιτήριο; - 1,50 €.
3. - _____ θα πας το απόγευμα;
   - Στη Βίκυ.
4. - _____ σχολείο πηγαίνεις;
   - Στο σχολείο απέναντι από το πάρκο.
5. - _____ είναι το αγαπημένο παιχνίδι σου; - Το τρενάκι.
6. - _____ θέλεις για τη γιορτή σου; - Ένα ταξίδι στην Ελλάδα.

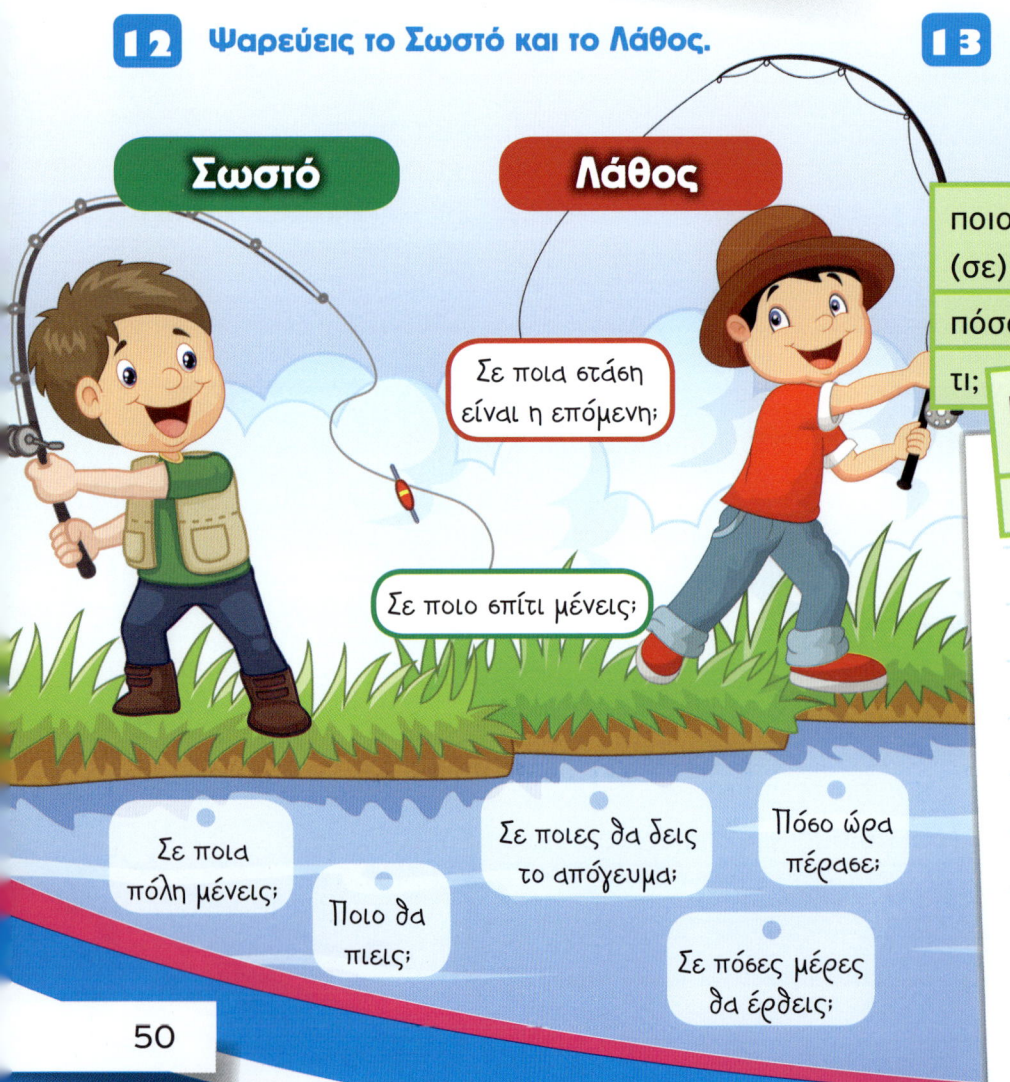

12 Ψαρεύεις το Σωστό και το Λάθος.

Σωστό Λάθος

Σε ποια στάση είναι η επόμενη;
Σε ποιο σπίτι μένεις;
Σε ποια πόλη μένεις;
Ποιο θα πιεις;
Σε ποιες θα δεις το απόγευμα;
Πόσο ώρα πέρασε;
Σε πόσες μέρες θα έρθεις;

13 Διαλέγεις έναν συμμαθητή / μια συμμαθήτριά σου και κάνεις πέντε ερωτήσεις για αυτόν / αυτή. Χρησιμοποιείς τις παρακάτω λέξεις.

ποιος; ποια; ποιο;
(σε) ποιον; (σε) ποια; (σε) ποιο;
πόσος; πόση; πόσο;
τι;

ποιοι; ποιες; ποια;
(σε) ποιους; (σε) ποιες; (σε) ποια;
πόσοι; πόσες; πόσα;

🎧 **14** Πώς πηγαίνουν τα παιδιά στο σχολείο τους κάθε πρωί;
(cd 2, 12) Ακούς και βάζεις ✓ στη σωστή εικόνα για κάθε παιδί.

> Βλέπεις τις εικόνες. Μαντεύεις τι λέει ο διάλογος.

🎤 Μουσικό διάλειμμα
(cd 2, 13)

Τρένο, λεωφορείο, αυτοκίνητο, μετρό,
αυτά είναι τα μέσα που χρησιμοποιώ!
Με λεωφορείο πάω στο σχολείο,
παίρνω το τρένο και πάω Μουσική.
Με το μετρό πηγαίνω σε φίλους,
ποτέ, όμως, δεν κάνω γυμναστική!
Γι' αυτό και στ' αλήθεια εγώ προτιμώ
να κάνω ποδήλατο και να περπατώ. } (δις)

	Μαργαρίτα	Δημήτρης	Αλέξανδρος	Χαρά	Μαρία	Δήμητρα
🚂						
🚌						
🚗	✓					
🛵						
🚲						
👣						

15 Ακούς ξανά και λες την ιστορία στην τάξη.

Ενότητα 21

Ενότητα 22

Εκδρομή

Τι βλέπεις στην εικόνα; Πού είναι οι μαθητές;

1 Διαβάζεις το κείμενο και βάζεις ✓ κάτω από το ΣΩΣΤΟ ή το ΛΑΘΟΣ.

ΤΟ ΣΧΟΛΕΙΟ ΜΑΣ ΠΑΕΙ ΕΚΔΡΟΜΗ ΣΤΗΝ ΠΡΩΤΕΥΟΥΣΑ
ΠΡΟΓΡΑΜΜΑ: ΘΕΣΣΑΛΟΝΙΚΗ-ΑΘΗΝΑ

17/9

Φεύγουμε από το σχολείο στις 7 το πρωί. Κάνουμε μια στάση στη Λάρισα για φαγητό. Το απόγευμα φτάνουμε στην Αθήνα. Βραδινό φαγητό στο ξενοδοχείο και στις 8 το βράδυ βόλτα και διασκέδαση στο λούνα παρκ.

18/9

Τρώμε πρωινό και φεύγουμε για την Ακρόπολη. Πηγαίνουμε στον αρχαιολογικό χώρο και το μουσείο. Κάνουμε μια βόλτα στην Πλάκα και το Μοναστηράκι. Επιστρέφουμε στο ξενοδοχείο για ξεκούραση και βραδινό φαγητό.

19/9

Πρωί πρωί ξεκινάμε για τον Πειραιά. Πηγαίνουμε στο λιμάνι. Τρώμε μεσημεριανό και το απόγευμα πηγαίνουμε στην αγορά. Επιστρέφουμε στο ξενοδοχείο μας για ύπνο.

20/9

Επιστροφή στη Θεσσαλονίκη.

Τιμή: 200 ευρώ (ξενοδοχεία, λεωφορεία, εισιτήρια για μουσεία)
Πληροφορίες: κ. Μάνου Ελένη
email: maneleni@gmail.com

Έτοιμες οι βαλίτσες; Ξεκινάμε με χαρά, γέλιο και φωτογραφικές μηχανές για πολλές πολλές φωτογραφίες!!!

		ΣΩΣΤΟ	ΛΑΘΟΣ
0.	Η εκδρομή είναι πέντε μέρες.		✓
1.	Τα λεωφορεία θα ξεκινήσουν από το σχολείο.		
2.	Το ξενοδοχείο στην Αθήνα είναι με βραδινό.		
3.	Στην Αθήνα τα παιδιά θα πάνε σε μουσείο.		
4.	Στον Πειραιά έχει θάλασσα.		
5.	Στην εκδρομή το ξενοδοχείο κοστίζει 200 ευρώ.		

2 Σου αρέσει η παραπάνω εκδρομή; Ποια μέρα από το πρόγραμμα σου αρέσει πιο πολύ; Γιατί;

3 Ενώνεις τα παζλ και γράφεις τις λέξεις / φράσεις.

πρω — αρχαιολογικό — μεση — αρχαιολογικός — βρα

μεριανό — ινό / Πρωινό — μουσείο — δινό — χώρος

βαλί — φωτο — φωτογραφική

μηχανή — τσα — γραφία

4 Διαβάζεις και βάζεις στη σωστή σειρά (1-3) τις εικόνες, σύμφωνα με τις προτάσεις.

0. Το λεωφορείο ξεκινάει από τη Θεσσαλονίκη στις 7:30.

1. Το λεωφορείο επιστρέφει στη Θεσσαλονίκη στις 10:00.

2. Το λεωφορείο κάνει μια στάση στη Λαμία.

3. Το λεωφορείο φτάνει στην Κατερίνη στις 14:00.

5 Βρίσκεις τις κρυμμένες λέξεις κι ενώνεις με τις εικόνες.

Ν	Ξ	Ε	Ν	Ο	Δ	Ο	Χ	Ε	Ι	Ο
Φ	Ι	Π	Α	Β	Α	Λ	Ι	Τ	Σ	Α
Δ	Α	Γ	Π	Α	Χ	Ο	Φ	Α	Ο	Μ
Ω	Γ	Ρ	Ε	Β	Α	Υ	Ι	Ξ	Μ	Ο
Μ	Ο	Α	Ι	Σ	Λ	Ν	Σ	Ι	Ρ	Υ
Α	Ρ	Φ	Ζ	Α	Ι	Α	Ι	Λ	Ε	Σ
Ρ	Α	Ρ	Ε	Λ	Ω	Π	Γ	Ε	Σ	Ε
Φ	Ω	Τ	Ο	Γ	Ρ	Α	Φ	Ι	Α	Ι
Ο	Τ	Ο	Ρ	Ι	Α	Ρ	Ο	Ι	Χ	Ο
Ψ	Ε	Θ	Ο	Α	Μ	Κ	Α	Κ	Ε	Λ

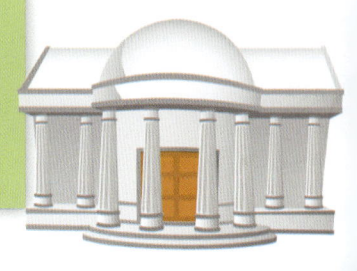

54

6 Συμπληρώνεις τα κενά με τις παρακάτω λέξεις.

φωτογραφίες, λούνα παρκ, ξενοδοχείο, βραδινό, μουσεία, βαλίτσες, φωτογραφική μηχανή, ξεκινήσουμε

Με τη μαμά και τον μπαμπά μου πηγαίνουμε πολλές εκδρομές και περνάμε πολύ ωραία. Ταξιδεύουμε πάντα με το αυτοκίνητό μας. Πηγαίνουμε σε αρχαιολογικούς χώρους και ⁰ __μουσεία__ και μαθαίνουμε την ιστορία τους. Το καλοκαίρι πηγαίνουμε για μπάνιο σε διάφορες παραλίες. Πολλές φορές μένουμε και σε ¹ _____.

Αύριο θα πάμε για τρεις μέρες στη Χαλκιδική. Θα ετοιμάσουμε το βράδυ τις ² _____ μας και θα ³ _____ πολύ νωρίς το πρωί.

Θα περάσουμε πολύ καλά. Το ξενοδοχείο είναι καινούριο και έχει πρωινό, μεσημεριανό και ⁴ _____ γεύμα.

Εκεί κοντά έχει και ⁵ _____. Σίγουρα θα διασκεδάσουμε πολύ. Θα πάρω μαζί μου τη ⁶ _____ και θα βγάλω πολλές πολλές ⁷ _____.

7 Βάζεις τις παρακάτω εικόνες στη σωστή σειρά (1-3), κάνεις μια ιστορία και τη λες στην τάξη.

Ενότητα 22

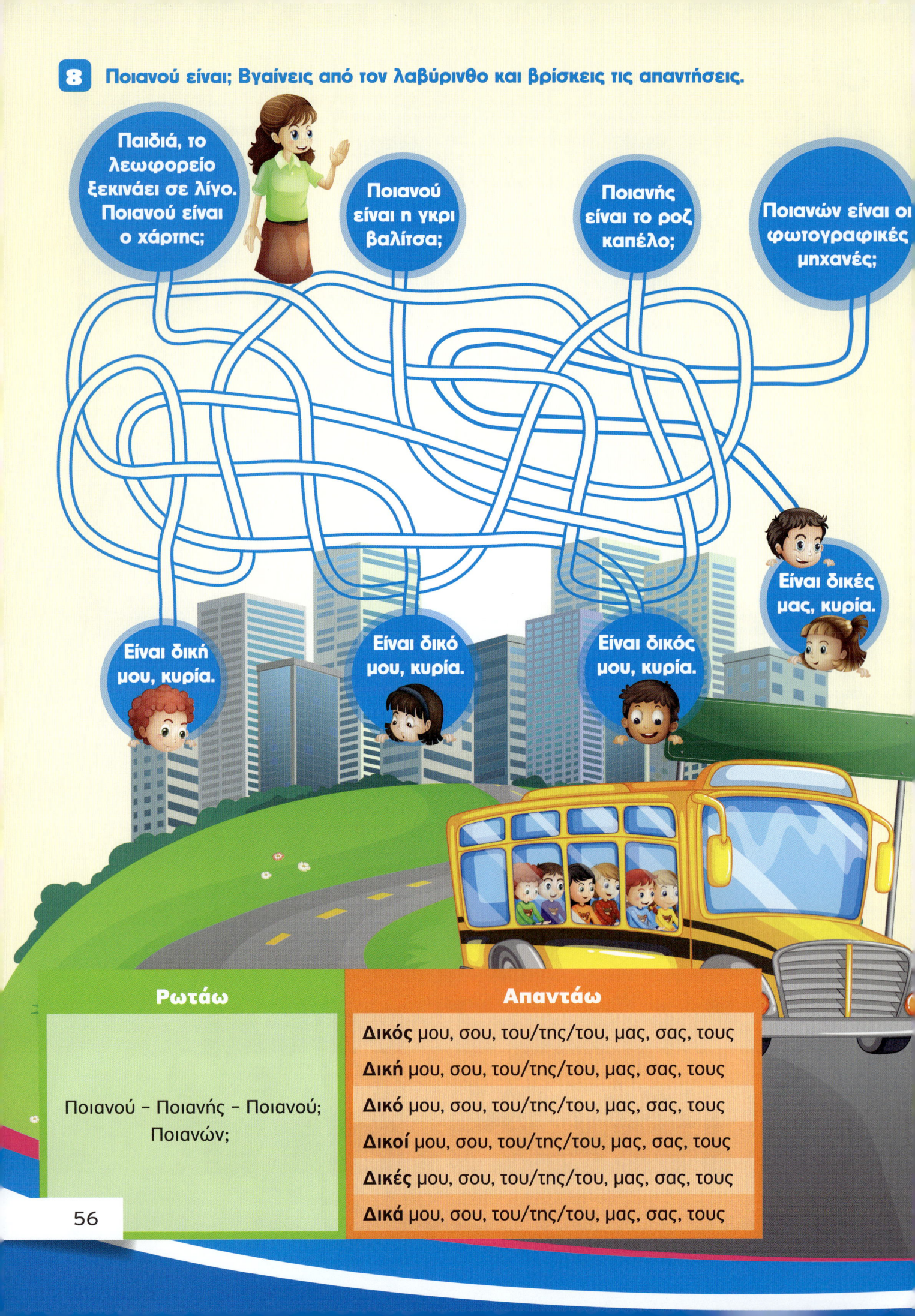

8 Ποιανού είναι; Βγαίνεις από τον λαβύρινθο και βρίσκεις τις απαντήσεις.

- Παιδιά, το λεωφορείο ξεκινάει σε λίγο. Ποιανού είναι ο χάρτης;
- Ποιανού είναι η γκρι βαλίτσα;
- Ποιανής είναι το ροζ καπέλο;
- Ποιανών είναι οι φωτογραφικές μηχανές;

- Είναι δική μου, κυρία.
- Είναι δικό μου, κυρία.
- Είναι δικός μου, κυρία.
- Είναι δικές μας, κυρία.

Ρωτάω	Απαντάω
	Δικός μου, σου, του/της/του, μας, σας, τους
	Δική μου, σου, του/της/του, μας, σας, τους
Ποιανού – Ποιανής – Ποιανού; Ποιανών;	**Δικό** μου, σου, του/της/του, μας, σας, τους
	Δικοί μου, σου, του/της/του, μας, σας, τους
	Δικές μου, σου, του/της/του, μας, σας, τους
	Δικά μου, σου, του/της/του, μας, σας, τους

9 Ενώνεις τις ερωτήσεις με τα πρόσωπα και διαλέγεις μία από τις παρακάτω απαντήσεις.

> ~~δικό του~~, δικός της, δικά τους, δικά του, δικοί τους

0. Ποιανού είναι το βιβλίο; _Δικό του_

1. Ποιανών είναι τα παιχνίδια; _____

2. Ποιανού είναι τα κλειδιά; _____

3. Ποιανής είναι ο χάρακας; _____

4. Ποιανών είναι οι υπολογιστές; _____

10 Γίνεστε ζευγάρια και συμπληρώνετε τα κενά.

0. Εγώ και η Μαρία έχουμε μια φωτογραφία. Η φωτογραφία είναι _δική μας_.

1. Στο δωμάτιό μου έχω μια μεγάλη ντουλάπα. Η ντουλάπα είναι _____.

2. Αυτός και η Ελένη έχουν έναν χάρτη. Ο χάρτης είναι _____.

3. Εσύ έχεις έναν όμορφο σκύλο. Ο σκύλος είναι _____.

4. Εσύ και ο Γιώργος έχετε το μπλε αυτοκίνητο. Το μπλε αυτοκίνητο είναι _____.

5. Ο Μιχάλης έχει μια ωραία γάτα.

Η γάτα είναι _____.

Ενότητα 22

11 Βλέπεις τις εικόνες και γράφεις ερωτήσεις και απαντήσεις, όπως στο παράδειγμα.

0. Ποιανού είναι το σπίτι;
   Δικό του.

1. _____ ;
   _____ .

2. _____ ;
   _____ .

3. _____ ;
   _____ .

4. _____ ;
   _____ .

12 Ψαρεύεις το Σωστό και το Λάθος.

Σωστό

- Ποιανής είναι τα βιβλία;
- Είναι δικά της.

Λάθος

- Δέσποινα, ποιανής είναι η μοβ τσάντα;
- Δεν είναι δικές μου, αλλά μου αρέσει πολύ.

- Ποιανών είναι τα παραμύθια;
- Είναι δικά μας.

- Ποιανού είναι το δωμάτιο;
- Είναι δικό μας.

- Ποιανών είναι το παγωτό;
- Είναι δικό της.

- Ποιανού είναι η μπάλα;
- Είναι δική του.

Μαζεύετε τα πράγματα από όλα τα θρανία (κασετίνες, μολύβια, ξύστρες, σβήστρες κ.ά). Ρωτάτε τους συμμαθητές / τις συμμαθήτριές σας και μαθαίνετε ποιανού/ποιανής/ποιανών είναι τα πράγματα.

13 Ακούς τον διάλογο και κρατάς σημειώσεις.

(cd 2, 14)

Βλέπεις την άσκηση. Μαντεύεις τι λέει ο διάλογος.

0. Πού θα πάμε εκδρομή; στην Καβάλα και τη Δράμα
1. Τι θα δούμε στους Φιλίππους; _____
2. Πού θα φάμε το μεσημέρι; _____
3. Τι θα δούμε στην Καβάλα; _____
4. Πού θα φάμε αύριο το πρωί; _____

14 Ακούς ξανά και λες την ιστορία στην τάξη.

Ενότητα 22

Ενότητα 23

Διακοπές

Τι βλέπεις στις εικόνες; Πού είναι τα παιδιά; Τι κάνουν;

1 Διαβάζεις τους διαλόγους και συμπληρώνεις τα κενά με τις εικόνες. Υπάρχουν δύο εικόνες που δεν πρέπει να σημειώσεις.

Καλημέρα, παιδιά! Σήμερα θα μιλήσουμε και θα γράψουμε μια ιστορία για τις διακοπές. Ανοίξτε τα τετράδιά σας. Πότε και πού πηγαίνετε διακοπές, πώς περνάτε;

Κάθε καλοκαίρι, τον Αύγουστο με τη μαμά και τον μπαμπά πηγαίνουμε διακοπές στη θάλασσα ___0___ ...

Εγώ πηγαίνω διακοπές όλες τις εποχές, ακόμα και τον χειμώνα. Η αδερφή μου κάνει σκι. Φέτος θα μάθω και εγώ _____ ...

Οι γονείς μου δουλεύουν όλο το καλοκαίρι. Πηγαίνουμε διακοπές τον Σεπτέμβριο. Συνήθως πηγαίνουμε ταξίδι σε κάποια ξένη χώρα με το αεροπλάνο _____ ...

Κι εγώ πηγαίνω διακοπές όλες τις εποχές. Διαλέγουμε ένα όμορφο μέρος κοντά στη φύση και κάνουμε βόλτες με τα ποδήλατά μας _____ ...

2 Εσύ ποια εποχή πηγαίνεις διακοπές; Ποιον μήνα; Πού πηγαίνεις συνήθως; Με ποιους πηγαίνεις; Πώς περνάς;

3 Ενώνεις τα παζλ και γράφεις τις λέξεις.

á	καλο	χει	φθινό
μώνας	νοιξη
άνοιξη	καίρι	πωρο

4 Βλέπεις τις εικόνες και γράφεις τις 4 εποχές.

Χ
Ε
Ι
Μ
Ω
Ν
Α
Σ

5 Διαβάζεις τις προτάσεις και μαντεύεις την εποχή.

0 Τότε κάνουμε μπάνιο στη θάλασσα. _καλοκαίρι_

1 Τότε ανθίζουν τα λουλούδια. _____

2 Τότε παίζουμε με το χιόνι. _____

3 Τότε ανοίγουν τα σχολεία. _____

6 Βρίσκεις τους κρυμμένους μήνες και ενώνεις με τις εικόνες.

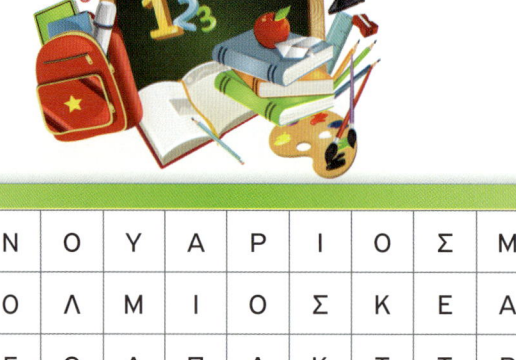

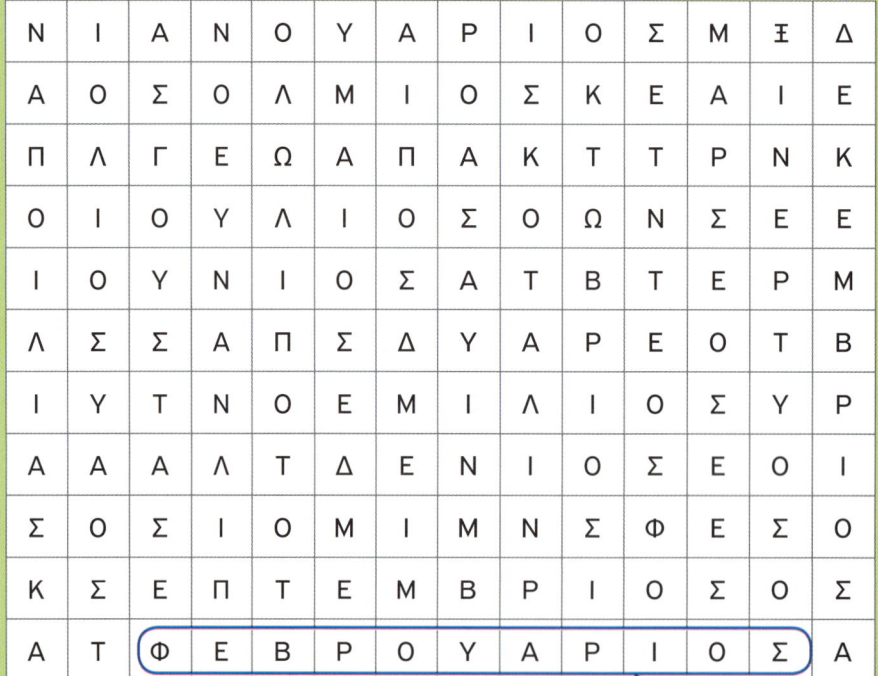

Ν	Ι	Α	Ν	Ο	Υ	Α	Ρ	Ι	Ο	Σ	Μ	Ξ	Δ
Α	Ο	Σ	Ο	Λ	Μ	Ι	Ο	Σ	Κ	Ε	Α	Ι	Ε
Π	Λ	Γ	Ε	Ω	Α	Π	Α	Κ	Τ	Τ	Ρ	Ν	Κ
Ο	Ι	Ο	Υ	Λ	Ι	Ο	Σ	Ο	Ω	Ν	Σ	Ε	Ε
Ι	Ο	Υ	Ν	Ι	Ο	Σ	Α	Τ	Β	Τ	Ε	Ρ	Μ
Λ	Σ	Σ	Α	Π	Σ	Δ	Υ	Α	Ρ	Ε	Ο	Τ	Β
Ι	Υ	Τ	Ν	Ο	Ε	Μ	Ι	Λ	Ι	Ο	Σ	Υ	Ρ
Α	Α	Α	Λ	Τ	Δ	Ε	Ν	Ι	Ο	Σ	Ε	Ο	Ι
Σ	Ο	Σ	Ι	Ο	Μ	Ι	Μ	Ν	Σ	Φ	Ε	Σ	Ο
Κ	Σ	Ε	Π	Τ	Ε	Μ	Β	Ρ	Ι	Ο	Σ	Ο	Σ
Α	Τ	Φ	Ε	Β	Ρ	Ο	Υ	Α	Ρ	Ι	Ο	Σ	Α

7 Βάζεις στη σωστή σειρά τα γράμματα και γράφεις τους μήνες στο σωστό δεντράκι.

ΕΜΕΔΒΙΚΡΕΟ
ΒΩΟΡΚΟΤΙΣ
ΟΛΥΤΥΓΣΕΟ
ΥΙΝΟΣΙΟ
ΟΣΒΑΥΡΦΙΟΡΕ
ΑΪΣΜΟ
ΡΜΙΑΤΣΟ
ΑΙΛΠΕΡΟΙ
ΥΟΙΙΑΡΝΑΟΣ
ΥΙΛΟΣΙΟ
ΕΜΣΤΠΙΕΡΒΕΟ
ΟΒΟΝΡΕΙΜΣ

ΧΕΙΜΩΝΑΣ

ΑΝΟΙΞΗ

ΚΑΛΟΚΑΙΡΙ

ΦΘΙΝΟΠΩΡΟ

8 Συμπληρώνεις τα κενά με τις παρακάτω λέξεις.

> Σεπτέμβριος, χειμώνας, Αύγουστος, Δεκέμβριος, άνοιξη, Ιούνιος

0. Είναι _χειμώνας_. Δεν παίζω έξω στη γειτονιά. Κάνει κρύο!
1. Είναι _____. Περιμένω το δώρο μου για την Πρωτοχρονιά.
2. Είναι _____. Ανοίγουν τα σχολεία. Φέτος θα τελειώσω το Δημοτικό.
3. Είναι _____. Θα πάω με τους γονείς μου για πικ νικ.
4. Είναι _____. Θα πάω για μπάνιο στη θάλασσα.
5. Είναι _____. Σήμερα είναι η τελευταία μέρα στο σχολείο.

9 Γράφεις ποια εποχή και ποιον μήνα έχεις γενέθλια.
Ρωτάς τον συμμαθητή / τη συμμαθήτριά σου πότε έχει γενέθλια.

Ενότητα 23

10 Η μαμά δίνει οδηγίες στα παιδιά. Ποια παιδιά ακούνε τη μαμά τους; Βγαίνεις από τον λαβύρινθο, βρίσκεις τις απαντήσεις και τις λες στην τάξη.

- Μαρία, διάβασε τα μαθήματά σου τώρα.
- Κώστα, Σοφία, Μάρκο, διαβάστε τα μαθήματά σας τώρα.
- Ελένη, καθάρισε το δωμάτιό σου.
- Ελένη, Αρετή, καθαρίστε το δωμάτιό σας.

ακούω	εσύ / εσείς	άκου**σε** / ακού**στε**	μην ακού**σεις** / μην ακού**σετε**
διαβάζω	εσύ / εσείς	διάβα**σε** / διαβά**στε**	μη διαβά**σεις** / μη διαβά**σετε**
πληρώνω	εσύ / εσείς	πλήρω**σε** / πληρώ**στε**	μην πληρώ**σεις** / μην πληρώ**σετε**
παίζω	εσύ / εσείς	παί**ξε** / παί**ξτε**	μην παί**ξεις** / μην παί**ξετε**
ανοίγω	εσύ / εσείς	άνοι**ξε** / ανοί**ξτε**	μην ανοί**ξεις** / μην ανοί**ξετε**
προσέχω	εσύ / εσείς	πρόσε**ξε** / προσέ**ξτε**	μην προσέ**ξεις** / μην προσέ**ξετε**
ψάχνω	εσύ / εσείς	ψά**ξε** / ψά**ξτε**	μην ψά**ξεις** / μην ψά**ξετε**
χορεύω	εσύ / εσείς	χόρε**ψε** / χορέ**ψτε**	μη χορέ**ψεις** / μη χορέ**ψετε**
γράφω	εσύ / εσείς	γρά**ψε** / γρά**ψτε**	μη γρά**ψεις** / μη γρά**ψετε**

11 Βλέπεις ξανά τον πίνακα στη σελίδα 64 και συμπληρώνεις, όπως στο παράδειγμα.

ακούω, πληρώνω, παίζω, γράφω, προσέχω

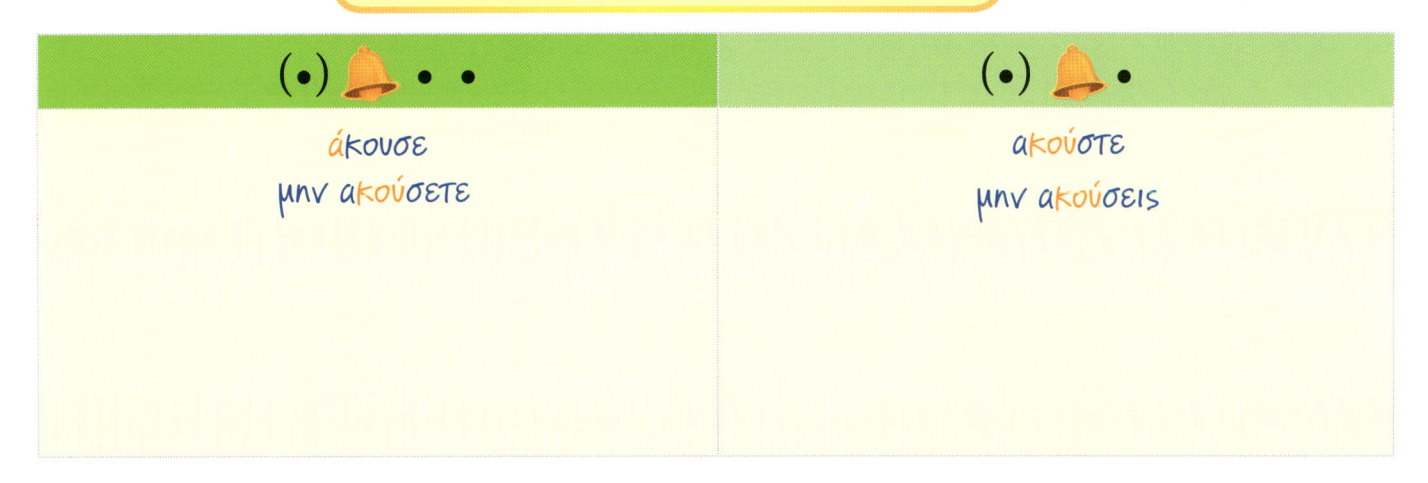

(•) 🔔 • •	(•) 🔔 •
άκουσε μην ακούσετε	ακούστε μην ακούσεις

12 Συμπληρώνεις τις προτάσεις με τις παρακάτω λέξεις.

τρέξε, άνοιξε, γράψε, άκουσε, διάβασε, παίξε

Μαμά, θέλεις βοήθεια;

0. Όχι, _παίξε_ με τα παιχνίδια σου.

1. Όχι, _____ στο τετράδιό σου, σε παρακαλώ.

2. Ναι, χτυπάει η πόρτα. _____.

3. Όχι, _____ το βιβλίο σου.

4. Ναι, _____ προσεκτικά τι θα κάνεις.

5. Όχι, θα αργήσεις στο σχολείο. _____ γρήγορα.

13 Ενώνεις τις προτάσεις με τις εικόνες.

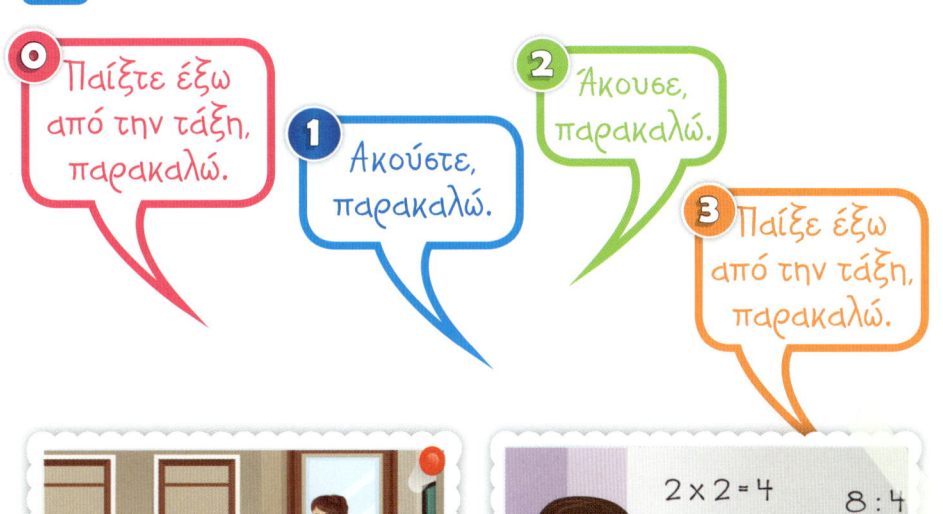

0 Παίξτε έξω από την τάξη, παρακαλώ.

1 Ακούστε, παρακαλώ.

2 Άκουσε, παρακαλώ.

3 Παίξε έξω από την τάξη, παρακαλώ.

Ενότητα 23

14 Τι λένε οι εικόνες;

Άκουσε! | Μην ακούσεις!

15 Συμπληρώνεις τα κενά.

0. Γιώργο, _άνοιξε_ (ανοίγω) την πόρτα.

1. Παιδιά, _____ (ετοιμάζω) τις βαλίτσες σας. Αύριο θα πάμε διακοπές.

2. Πόπη, Γρηγόρη, _____ (χορεύω) αυτόν τον χορό.

3. Μαίρη, Βίκυ, μη _____ (διαβάζω) για αύριο. Θα πάμε εκδρομή.

4. Παιδιά, _____ (γράφω) την ημερομηνία στο τετράδιό σας.

5. Μάνο, μην _____ (αφήνω) μέσα στο σπίτι τα παπούτσια σου.

6. Ειρήνη, Μιχαέλα, _____ (παίζω) ακόμα λίγο και μετά θα φύγουμε.

16 Ψαρεύεις το Σωστό και το Λάθος.

Σωστό — Μαρία, ετοίμασε την τσάντα σου για το σχολείο.

Λάθος — Ψαξέτε τα εισιτήριά σας, το τρένο ξεκινάει.

- Κορίνα, μην ακούσεις τον Πέτρο. Λέει ψέματα.
- Μην αφησείς τα πράγματά σου μπροστά από την τηλεόραση, δεν βλέπω.
- Παίξτε με τα δικά σας παιχνίδια, όχι με τα δικά μας.
- Γράψετε σ' αυτό το χαρτί τα τηλέφωνά σας.

Παίζετε το παρακάτω παιχνίδι σε δύο ομάδες μέσα στην τάξη. Κάθε ομάδα γράφει διάφορες οδηγίες / διαταγές σε μικρά χαρτάκια, με τις παρακάτω λέξεις. Η άλλη ομάδα διαλέγει ένα χαρτάκι, το διαβάζει και κάνει αυτό που λέει. Ποια ομάδα θα κάνει τα πιο πολλά και θα κερδίσει;

ετοιμάζω, ακούω, γράφω, καθαρίζω, κόβω, χορεύω, ακούω, ανοίγω, προσέχω, αφήνω, ψάχνω, διαβάζω

17 Ακούς τον διάλογο και κρατάς σημειώσεις.
(cd 2, 15)

Διαβάζεις τις ερωτήσεις. Μαντεύεις τι λέει ο διάλογος.

0. Ποιον μήνα θα πάει η Βασιλική διακοπές; _τον Ιούνιο_

1. Σε ποιο νησί; _____

2. Ποιοι άλλοι μένουν στο νησί; _____

3. Πόσο θα μείνει στο νησί; _____

4. Τι θα αγοράσει η Βασιλική από το νησί; _____

18 Ακούς ξανά και λες την ιστορία στην τάξη.

Μουσικό διάλειμμα
(cd 2, 16)

Ταξιδεύω στον αέρα με καλό ή κακό καιρό
κι όλοι με φωνάζουν πάντα «Να η μάγισσα Κλο Κλο!». (δις)
Έχω ένα αεροπλάνο από ξύλο μαγικό
κι όλοι με φωνάζουν πάντα «Να η μάγισσα Κλο Κλο!». (δις)
Το πειρατικό καράβι έχω σπίτι μου εγώ
και στη θάλασσα όλο ψάχνω τον κρυμμένο θησαυρό.
Πειρατές και πειρατίνες φίλους έχω κι εχθρούς,
ψάχνουμε στη θάλασσα όλοι τους κρυμμένους θησαυρούς.
Με το τρένο, με το πλοίο, κάποτε πολύ παλιά
γύρισα τον κόσμο όλο, ξέρουν τα καλά παιδιά.
Φιλέας Φογκ το όνομά μου και σε όλους είμαι γνωστός,
για τον γύρο όλου του κόσμου είμαι πάντα αγαπητός. (δις)

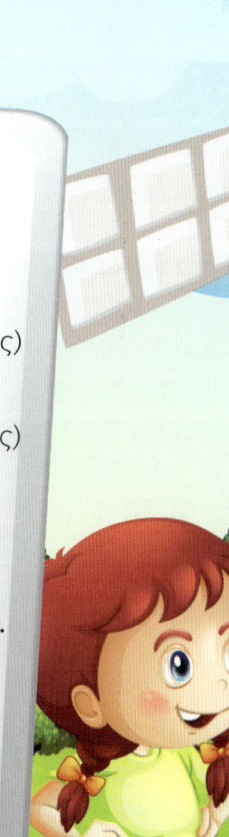

Ενότητα 23

Ενότητα 24

Τι καιρό έχει;

Τι φοράνε τα παιδιά; Εσύ τι φοράς τον χειμώνα στη χώρα σου;

1 Διαβάζεις τα κείμενα και βάζεις σε κύκλο το σωστό.

Με λένε Τζέιν και είμαι από το Λονδίνο. Σήμερα βρέχει από το πρωί, αλλά δεν έχει πολύ κρύο. Φοράω μπουφάν, μπότες, και κρατώ ομπρέλα. Θα πάω στον φίλο μου και θα πιούμε ζεστό τσάι.

Είμαστε η Χέλγκα και ο Κλαρκ. Είμαστε από την Αυστρία. Έξω χιονίζει και κάνει κρύο. Φοράμε σκούφους, κασκόλ και γάντια. Τώρα θα πάμε για σκι. Μετά θα πιούμε ζεστή σοκολάτα κοντά στο τζάκι.

Είμαι η Βασιλική. Μένω στην Ελλάδα, στην Κρήτη. Ο καιρός σήμερα είναι πολύ καλός. Έχει ήλιο. Θα φορέσω το μαγιό, το καπέλο, τα γυαλιά και τις σαγιονάρες μου και θα πάω για μπάνιο στη θάλασσα.

Είμαστε η Κάρμεν και ο Πάμπλο. Μένουμε στην Ισπανία, στη Μαδρίτη. Σήμερα κάνει πολλή ζεστή και δεν φυσάει καθόλου. Φοράμε τις καινούριες κοντομάνικες μπλούζες μας και πάμε μια βόλτα με τη φίλη μας την Ιρένε. Θα φάμε παγωτό.

0. Στο Λονδίνο σήμερα
   α. έχει καλό καιρό.
   β. χιονίζει.
   (γ.) δεν έχει πολύ κρύο.

1. Η Τζέιν φοράει
   α. μπότες.
   β. καπέλο.
   γ. σκούφο.

2. Στην Αυστρία σήμερα
   α. βρέχει.
   β. χιονίζει.
   γ. δεν έχει πολύ κρύο.

3. Τα παιδιά στην Αυστρία
   α. θα φάνε παγωτό.
   β. θα πιουν σοκολάτα.
   γ. θα πιουν τσάι.

4. Η Βασιλική στην Κρήτη θα πάει
   α. στη θάλασσα.
   β. για σκι.
   γ. βόλτα.

5. Η Κάρμεν φοράει
   α. μαγιό.
   β. καπέλο.
   γ. κοντομάνικη μπλούζα.

2 Τι καιρό κάνει στη χώρα σου το καλοκαίρι; Τι καιρό κάνει στη χώρα σου τον χειμώνα; Ποιος καιρός σου αρέσει; Γιατί;

3 Ενώνεις τα παζλ και γράφεις τις λέξεις / φράσεις.

Έχει καλό | Φυ | Έχει ήλιο. | Κάνει κρύο. | Βρέ

χει | καιρό | σάει | Κάνει ζέστη. | Χιονίζει.
Έχει καλό καιρό

4 Ενώνεις τις εικόνες με τις λέξεις / φράσεις.

Βρέχει, Χιονίζει, Έχει ήλιο, Έχει αέρα

Ο καιρός στην Ευρώπη

Λονδίνο — 13°C — Βρέχει
Αθήνα — 19°C
Μαδρίτη — 16°C
Βιέννη — 5°C

5 Τι θα φορέσουν τα παιδιά; Ποιος θα πάρει την ομπρέλα; Ενώνεις τα παιδιά με τα ρούχα.

γάντια

κασκόλ

σκούφος

μπότες

ομπρέλα

καπέλο

μαγιό

γυαλιά

σαγιονάρες

κοντομάνικη μπλούζα

μπουφάν

Σήμερα χιονίζει από το πρωί. Θα βγω έξω και θα παίξω χιονοπόλεμο.

Σήμερα έχει πολλή ζέστη. Θα πάω στη θάλασσα.

Έξω βρέχει πολύ. Στις 12 η ώρα θα πάω στο γυμναστήριο.

Φυσάει και κάνει πολύ κρύο. Θα πάω με τον Γιώργο στον κινηματογράφο.

6 Συμπληρώνεις τα κενά με τις παρακάτω λέξεις / φράσεις.

καπέλο, ~~καιρός~~, μαγιό, κάνει κρύο, ομπρέλα, θα χιονίσει, παγωτά

Από: Μάνο

Προς: Κλάρα

Γεια σου, Κλάρα! Τι κάνεις;

Εγώ δεν είμαι πολύ καλά. Εδώ στη Θεσσαλονίκη ο ⁰_____καιρός_____ τώρα το φθινόπωρο δεν είναι καλός και βρέχει κάθε μέρα. Δεν πηγαίνω πουθενά χωρίς την ¹_____ μου. Δεν μου αρέσει το φθινόπωρο. Το καλοκαίρι είναι πιο ωραίο. Έχει ήλιο, κάνει ζέστη και τρώω πολλά ²_____. Φοράω το ³_____ και το ⁴_____ μου και πηγαίνω στη θάλασσα από το πρωί.
Τώρα ⁵_____ και πηγαίνω μόνο στο σχολείο και για μπάσκετ.
Εσύ τι κάνεις στη Νορβηγία; Πότε ⁶_____;
Θα πας για σκι φέτος; Περιμένω τα νέα σου.

Ο φίλος σου
Μάνος

7 Κάνεις μια ιστορία με τις παρακάτω λέξεις.

χιονίζει, σκούφος, παγωτό, μπότες

70

8 Η μαμά δίνει οδηγίες στα παιδιά. Ποια παιδιά δεν ακούνε τη μαμά τους; Βγαίνεις από τον λαβύρινθο, βρίσκεις τις απαντήσεις και τις λες στην τάξη.

> Γιώτα, μην ξεχάσεις την ομπρέλα σου. Έξω βρέχει.

> Ιωάννα, κάνει πολύ κρύο. Φόρεσε κάτι ζεστό.

> Άννα, φυσάει πολύ. Μη φορέσεις κοντομάνικη μπλούζα.

	εσύ / εσείς		μη ...
μιλάω (-ώ) (απαντώ, βοηθώ, ξυπνώ, κρατώ, περπατώ, ρωτώ, σταματώ, αργώ, τηλεφωνώ)	εσύ εσείς	μίλησε μιλήστε	μη μιλήσεις μη μιλήσετε
γελάω (-ώ) (πεινάω, διψάω, περνώ, ξεχνώ)	εσύ εσείς	γέλασε γελάστε	μη γελάσεις μη γελάσετε
φοράω (-ώ) (πονάω, καλώ, μπορώ)	εσύ εσείς	φόρεσε φορέστε	μη φορέσεις μη φορέσετε

71

Ενότητα 24

9 Βλέπεις ξανά τον πίνακα στην σελίδα 71 και συμπληρώνεις, όπως στο παράδειγμα.

~~απαντώ~~, χτυπώ, καλώ, τηλεφωνώ, ξεχνώ

(•) (•) (•) 🔔 • •	(•) (•) • 🔔 •
απάντησε μην απαντήσετε	απαντήστε μην απαντήσεις

10 Συμπληρώνεις τις προτάσεις με τις παρακάτω λέξεις.

~~τηλεφωνήστε~~, μην αργήσεις, απαντήστε, φόρεσε, μην ξυπνήσετε, περπατήστε, ρώτησε, κάλεσε

0. Η κυρία Ελευθερίου δεν είναι στο γραφείο της. _Τηλεφωνήστε_ αργότερα, παρακαλώ.

1. Παιδιά, _____ σε όλες τις ερωτήσεις, παρακαλώ.

2. Μαρία, _____ πάλι στο σχολείο σήμερα.

3. Κατερίνα, _____ σκούφο και γάντια. Έξω κάνει πολύ κρύο.

4. Γιάννη, Ναταλία, έξω χιονίζει. _____ προσεκτικά στον δρόμο.

5. Μάνο, _____ και την Αφροδίτη στο πάρτι σου!

6. - Τι καιρό θα κάνει αύριο; - Δεν ξέρω, Αλεξάνδρα, _____ τη μαμά σου.

7. Κώστα, Ειρήνη, _____ αργά αύριο. Θα πάμε για μπάνιο στη θάλασσα νωρίς το πρωί.

11 Ενώνεις τις προτάσεις με τις εικόνες.

- Φόρεσε το μαγιό σου. Θα πάμε στη θάλασσα.
- Χτυπάει το τηλέφωνο. Απάντησε, σε παρακαλώ.
- Ξύπνησε τώρα! Θα αργήσεις στο σχολείο!
- Φορέστε τα μαγιό σας. Θα πάμε στη θάλασσα.
- Ξυπνήστε τώρα! Θα αργήσετε στο σχολείο!
- Χτυπάει το τηλέφωνο. Απαντήστε, παρακαλώ.

12 Συμπληρώνεις τα κενά.

0. Μαρκέλλα, __μην καλέσεις__ (δεν καλώ) την Ιωάννα στο σπίτι σήμερα.

1. Παιδιά, _____ (ξυπνάω). Σε λίγο θα περάσει το σχολικό λεωφορείο.

2. Δημήτρη, Στάθη, θα σας πω κάτι, αλλά _____ (δεν γελώ).

3. Ελένη, _____ (φοράω) την κόκκινη μπλούζα. Είναι πιο ωραία από τη μαύρη.

4. Σοφία, Θανάση, _____ (δεν ξεχνώ) τον σκούφο και τα γάντια σας. Κάνει πολύ κρύο.

5. Κατερίνα, _____ (δεν τηλεφωνώ) πριν τις 2 το μεσημέρι. Δεν θα είμαι στο σπίτι.

6. Αποστόλη, _____ (απαντώ) στην ερώτησή μου.

Ενότητα 24

13 Ψαρεύεις το Σωστό και το Λάθος.

Σωστό

Λάθος

Χρήστο, βοηθήστε την αδελφή σου στο διάβασμα.

Βασιλική, τηλεφώνησε στη Δανάη τώρα.

Ερμιόνη, μην αργήσεις στο σχολείο πάλι.

Μην τηλεφωνήσεις τώρα στη φίλη σου. Μιλάω εγώ στο τηλέφωνο.

Κλεοπάτρα, Αντώνη, δεν ξυπνήσετε νωρίς. Σήμερα δεν έχουμε σχολείο.

Δήμητρα, Σταμάτη, διαβάστε και απαντήστε σε όλες τις ερωτήσεις.

Χριστίνα, φόρεσε τις μπότες σου. Βρέχει πολύ.

Παιδιά, γελάσετε δυνατά. Το γέλιο κάνει καλό.

14 Φιλοξενείς έναν φίλο / μια φίλη στο σπίτι σου. Φεύγεις από το σπίτι για λίγες ώρες το πρωί. Γράφεις ένα μήνυμα με 4-5 οδηγίες στον φίλο / στη φίλη σου. Χρησιμοποιείς τις παρακάτω λέξεις.

ξυπνάω, αργώ, φοράω, ρωτάω, τηλεφωνώ, ξεχνώ

74

15 Ακούς τον διάλογο και βάζεις ✓ κάτω από το Σωστό ή το Λάθος.

(cd 2, 17)

Βλέπεις την εικόνα και την άσκηση. Μαντεύεις τι θα ακούσεις.

		ΣΩΣΤΟ	ΛΑΘΟΣ
0.	Ο Τάσος μιλάει στο τηλέφωνο με τη μαμά του.	✓	
1.	Η μαμά είναι με τον μπαμπά στη Θεσσαλονίκη.		
2.	Ο καιρός στην Αθήνα δεν είναι καλός.		
3.	Στη Θεσσαλονίκη βρέχει.		
4.	Ο Τάσος θα φορέσει γάντια, σκούφο και κασκόλ.		
5.	Ο Τάσος θα βοηθήσει τον Αργύρη στην Ιστορία.		
6.	Ο Τάσος και η μαμά του δεν θα ξαναμιλήσουν σήμερα.		

16 Ακούς ξανά και κάνεις έναν παρόμοιο διάλογο με τον διπλανό / τη διπλανή σου.

Ενότητα 24

Ενότητα 25

Δεν είμαι καλά ...

Περιγράφεις τις εικόνες. Πού είναι τα παιδιά; Τι κάνουν;

1 Διαβάζεις τον διάλογο και βάζεις σε κύκλο το σωστό.

— Πού είναι η Ελίνα, Πέτρο;
— Είναι στον γιατρό. Είναι άρρωστη. Έχει πυρετό και πονάει η κοιλιά της.
— Δεν πειράζει, θα πάρει φάρμακα και θα γίνει καλά.

— Δες, Δήμητρα. Φτιάχνω ένα παζλ με τον Ηρακλή. Είναι ο αγαπημένος μου ήρωας από την ελληνική μυθολογία.
— Α! Μου αρέσουν πολύ τα παζλ. Θέλεις βοήθεια;
— Ναι, έλα! Λείπουν πολλά κομμάτια από το κεφάλι του, από τα χέρια, από τα πόδια και από το σώμα του.

— Πάρε αυτό το κομμάτι. Πού μπαίνει;
— Δεν ξέρω. Α, είναι από το στόμα του.
— Μπράβο, Δήμητρα! Μη φύγεις, θα το τελειώσουμε μαζί.
— Ωραία, δώσε κι άλλα κομμάτια. Μου αρέσει πολύ.

0. Ο Πέτρος μιλάει με
 α. την Ελίνα.
 β. τον Ηρακλή.
 (γ.) τη Δήμητρα.

1. Η Ελίνα
 α. είναι πολύ καλά.
 β. δεν είναι καλά.
 γ. είναι στο πάρκο.

2. Ο Πέτρος παίζει με το
 α. επιτραπέζιο.
 β. παζλ.
 γ. σκάκι.

3. Η Δήμητρα και ο Πέτρος θα
 α. παίξουν.
 β. φάνε.
 γ. διαβάσουν.

4. Η Δήμητρα θα
 α. φύγει σε λίγο.
 β. μείνει ακόμη λίγο.
 γ. φάει σε λίγο.

2 Διαβάζεις ξανά τον διάλογο και λες την ιστορία στην τάξη.

3 Ακολουθείς τον λαβύρινθο, βλέπεις τα γράμματα και γράφεις τις λέξεις.

κεφάλι

4 Συμπληρώνεις τα κενά, όπως στο παράδειγμα.

το <u>κ ε φ ά λ ι</u>

το _____

το _____

το _____

το _____

το _____

η _____

η _____

77

5 Λύνεις το σταυρόλεξο.

0. Με αυτά πιάνουμε ...
1. Με αυτά ακούμε ...
2. Με αυτό μιλάμε ...
3. Με αυτή μυρίζουμε ...
4. Με αυτά περπατάμε ...

0: Χ Ε Ρ Ι Α

6 Συμπληρώνεις τα κενά με τις λέξεις. πυρετό, φάρμακο, γιατρό, ~~άρρωστος~~

Πονάει το κεφάλι και το σώμα μου. Είμαι 0 άρρωστος.

Πονάει το πόδι μου. Θα πάω στον 1 _____.

Το πρόσωπο και το σώμα μου είναι ζεστά. Έχω 2 _____.

Πονάει το αυτί μου. Θέλω ένα 3 _____.

7 Συμπληρώνεις τα κενά με τις παρακάτω λέξεις.

στόμα, χέρια, ~~κεφάλι~~, μύτη, μάτια, κοιλιά, πόδια, αυτιά, δόντια

0. Ο κλόουν φοράει ένα κόκκινο καπέλο στο _____κεφάλι_____ του.

1. Ο κλόουν έχει μια κόκκινη _____ και πολύ μεγάλη _____.

2. Γάντια φοράμε στα _____ μας.

3. Τα _____ του είναι πολύ μεγάλα. Φοράει 44 νούμερο παπούτσια.

4. Οι σοκολάτες και τα γλυκά κάνουν κακό στα _____ μας.

5. Οι γάτες έχουν πράσινα _____.

6. Τα λιοντάρια έχουν πολύ μεγάλο _____.

7. Ο ελέφαντας έχει πολύ μεγάλα _____.

8 Ζωγραφίζεις έναν αγαπημένο σου ήρωα και τον περιγράφεις στους συμμαθητές / στις συμμαθήτριές σου με τις παρακάτω λέξεις. Θα βρουν οι συμμαθητές / οι συμμαθήτριές σου τον ήρωα;

πρόσωπο, σώμα, μάτια, κεφάλι

Ενότητα 25

9 Η μαμά δίνει οδηγίες στα παιδιά. Ποια παιδιά δεν ακούνε τη μαμά τους; Βγαίνεις από τον λαβύρινθο, βρίσκεις τις απαντήσεις και τις λες στην τάξη.

- Άρη, πιες το φάρμακό σου.
- Γιώργο, Άννα, μπείτε μέσα. Έξω χιονίζει.
- Σταύρο, φάε μια ζεστή σούπα. Κάνει καλό στον λαιμό σου.
- Πέτρο, είσαι άρρωστος. Πήγαινε στον γιατρό με τον μπαμπά.

βάζω	εσύ / εσείς	βάλε / βάλτε	μη βάλεις / μη βάλετε
βγάζω	εσύ / εσείς	βγάλε / βγάλτε	μη βγάλεις / μη βγάλετε
βλέπω	εσύ / εσείς	δες / δείτε	μη δεις / μη δείτε
δίνω	εσύ / εσείς	δώσε / δώστε	μη δώσεις / μη δώσετε
έρχομαι	εσύ / εσείς	έλα / ελάτε	μην έρθεις / μην έρθετε
λέω	εσύ / εσείς	πες / πείτε	μην πεις / μην πείτε
μπαίνω	εσύ / εσείς	μπες / μπείτε	μην μπεις / μην μπείτε
παίρνω	εσύ / εσείς	πάρε / πάρτε	μην πάρεις / μην πάρετε
πηγαίνω	εσύ / εσείς	πήγαινε / πηγαίνετε	μην πηγαίνεις / μην πηγαίνετε
πίνω	εσύ / εσείς	πιες / πιείτε	μην πιεις / μην πιείτε
τρώω	εσύ / εσείς	φάε / φάτε	μη φας / μη φάτε
φεύγω	εσύ / εσείς	φύγε / φύγετε	μη φύγεις / μη φύγετε

10 Βλέπεις ξανά τον παραπάνω πίνακα και συμπληρώνεις, όπως στο παράδειγμα.

λέω, μπαίνω, δίνω, έρχομαι, πίνω, τρώω

•	🔔 • •	(•) 🔔 •
πες μην πεις		πείτε μην πείτε

11 Ενώνεις τις προτάσεις με τις εικόνες.

α. Πες ένα τραγούδι. - β. Πιείτε το γάλα σας.
γ. Φάε το φαγητό σου. - δ. Πιες το γάλα σου.
ε. Πείτε ένα τραγούδι. - στ. Φάτε το φαγητό σας.

12 Συμπληρώνεις τα κενά με τις παρακάτω λέξεις.

έρχομαι, βλέπω, τρώω, βγάζω, παίρνω, φεύγω, βάζω, λέω, μπαίνω, πηγαίνω

0. Κάνει πολλή ζέστη. _Βγάλε_ το μπουφάν σου.
1. Κάνει πολύ κρύο. _____ γάντια και κασκόλ.
2. Έξω βρέχει πολύ. _____ μέσα στο σπίτι.
3. Είσαι άρρωστος. _____ στον γιατρό.
4. Έχεις πυρετό. _____ παγωτό.
5. Πονάνε τα μάτια σου. _____ τηλεόραση.
6. Το λεωφορείο ξεκινάει σε 10 λεπτά. _____ τώρα. Θα αργήσεις.
7. Θα πάω στη θάλασσα. _____ μαζί μου.
8. Έξω βρέχει. _____ μια ομπρέλα μαζί σου.
9. Έχεις ωραία φωνή. _____ ένα τραγούδι.

13 Ψαρεύεις το Σωστό και το Λάθος.

Σωστό   Λάθος

Γιώργο, πείτε ένα παραμύθι.

Μαργαρίτα, μπες μέσα.

Νίκο, Κατερίνα, έλα μαζί μου.

Εύα, μην φάεις όλο το παγωτό. Θέλω κι εγώ.

Μαρία, πάρε το βιβλίο σου.

Παυλίνα, φυγέ από εδώ.

Αγγελική, δώσε λίγο νερό.

Παιδιά, μη φάτε όλο το φαγητό σήμερα. Αφήστε και για αύριο.

14 Ο συμμαθητής / Η συμμαθήτριά σου δεν είναι πολύ καλά. Πονάει το κεφάλι και η κοιλιά του / της. Δίνεις μερικές συμβουλές και χρησιμοποιείς τις παρακάτω λέξεις.

τρώω, πηγαίνω, πίνω, βάζω, φεύγω, παίρνω

81

Ενότητα 25

15 Ακούς τον διάλογο και βάζεις ✓ κάτω από το Σωστό ή το Λάθος.

(cd 2, 18)

Βλέπεις την εικόνα και τον πίνακα με τις προτάσεις. Μαντεύεις τι λέει ο διάλογος.

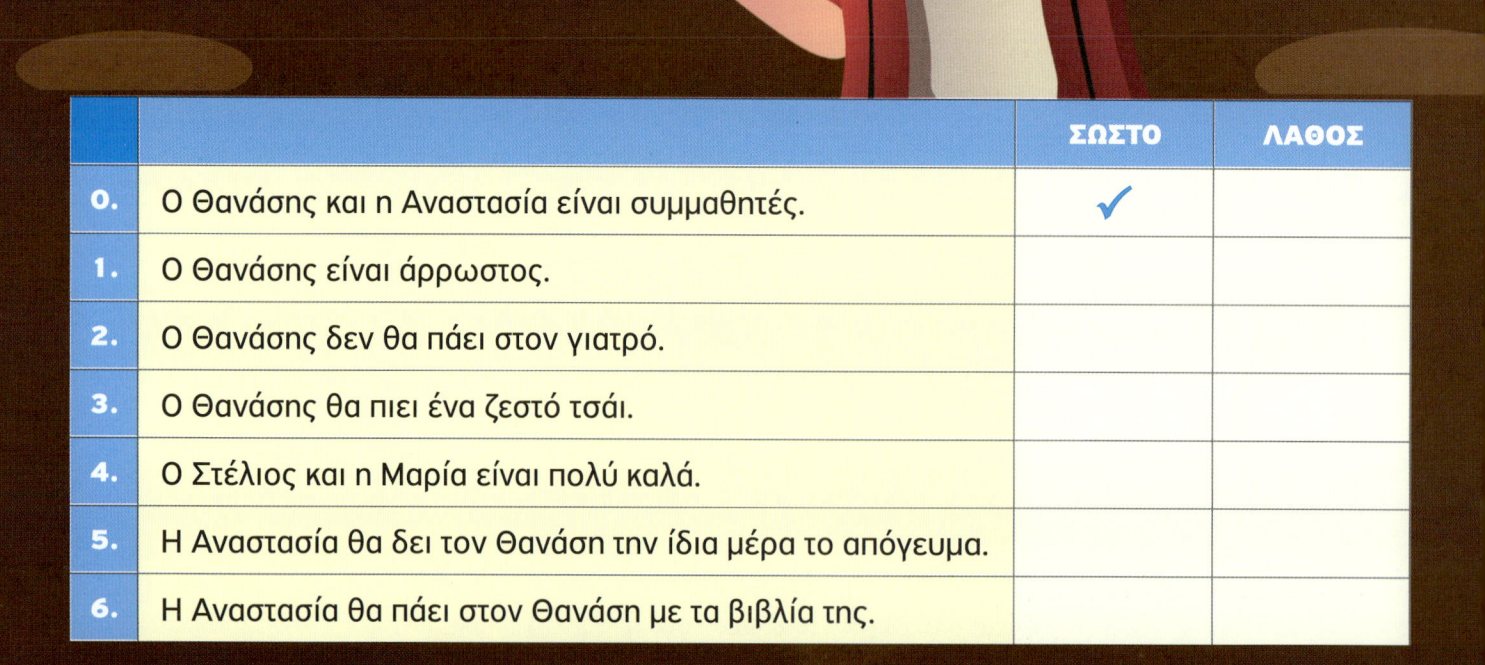

		ΣΩΣΤΟ	ΛΑΘΟΣ
0.	Ο Θανάσης και η Αναστασία είναι συμμαθητές.	✓	
1.	Ο Θανάσης είναι άρρωστος.		
2.	Ο Θανάσης δεν θα πάει στον γιατρό.		
3.	Ο Θανάσης θα πιει ένα ζεστό τσάι.		
4.	Ο Στέλιος και η Μαρία είναι πολύ καλά.		
5.	Η Αναστασία θα δει τον Θανάση την ίδια μέρα το απόγευμα.		
6.	Η Αναστασία θα πάει στον Θανάση με τα βιβλία της.		

16 Ακούς ξανά και λες την ιστορία στην τάξη.

Παραγωγή Προφορικού Λόγου

- Ταξιδεύεις με αεροπλάνο; Σου αρέσει; Γιατί;
- Πώς πηγαίνεις στο σχολείο σου;
- Πηγαίνετε εκδρομές με το σχολείο σου; Πού;
- Ποια εποχή σου αρέσει; Γιατί;
- Ποιος είναι ο αγαπημένος σου μήνας; Γιατί;
- Ποιος καιρός είναι ωραίος για ταξίδια;
- Αρρωσταίνεις συχνά; Πώς γίνεσαι καλά;

1 Τι βλέπεις στην εικόνα; Βάζεις ✓ στις προτάσεις.

Το τρένο είναι στον σταθμό.	
Οι άνθρωποι κρατούν βαλίτσες και φωτογραφικές μηχανές.	
Τα παιδιά φοράνε κοντομάνικες μπλούζες.	
Ο καιρός δεν είναι καλός. Βρέχει πολύ.	
Είναι καλοκαίρι.	
Η κυρία είναι άρρωστη.	

2 Τι βλέπεις στην εικόνα; Απαντάς στις ερωτήσεις.

Gate B21 ↑

Πώς θα ταξιδέψουν οι άνθρωποι;
_____

Τι κρατούν στα χέρια τους;
_____

Τι καιρό έχει;
_____

Τι εποχή είναι;

Παραγωγή Προφορικού Λόγου

3 Ακούς τον διάλογο και συμπληρώνεις τα κενά.

(cd 2, 19)

Γιαγιά: Αλέξη, πότε θα πάτε εκδρομή με το σχολείο;
Αλέξης: Σε πέντε μέρες φεύγουμε.
Γιαγιά: Στη Ρόδο ⁰ _θα πάτε_ ;
Αλέξης: Ναι, στη Ρόδο.
Γιαγιά: Πώς ¹_____;
Αλέξης: Θα πάμε μέχρι την Αθήνα με λεωφορείο και μετά θα πάρουμε αεροπλάνο.
Γιαγιά: Πολύ ωραία. Είναι ωραίο ²_____ σας;
Αλέξης: Ναι. Έχει ωραία δωμάτια και πισίνα. Επίσης, στο ξενοδοχείο είναι με ³_____ και μεσημεριανό γεύμα.
Γιαγιά: Η Ρόδος είναι πολύ όμορφο νησί. Θα σου αρέσει σίγουρα. Έχει πολύ όμορφες ⁴_____, πολύ όμορφο λιμάνι και υπέροχα κάστρα και μουσεία. Πάρε μαζί σου ⁵_____ και βγάλε πολλές πολλές φωτογραφίες.
Αλέξης: Ναι, ναι, θα πάρω. Τώρα ετοιμάζω τη ⁶_____ μου.
Γιαγιά: Α, πάρε καλοκαιρινά ρούχα, γιατί τώρα τον Μάιο έχει πολλή ζέστη εκεί. Το βράδυ όμως φυσάει λίγο στο νησί. Πάρε λοιπόν και κανένα ⁷_____. Μη γυρίσεις άρρωστος. Και μη φας πολλά παγωτά...
Αλέξης: Καλά, καλά, γιαγιά!
Γιαγιά: Εντάξει, σταματάω. Καλό ταξίδι, παιδί μου.
Αλέξης: Ευχαριστώ, γιαγιά. Θα μιλήσουμε από το τηλέφωνο. Φιλιά στον παππού.

4 Γίνεστε ζευγάρια και παίζετε το παιχνίδι ρόλων.

Α΄ ρόλος

Ένα μακρινό ταξίδι

Τον άλλο μήνα εσύ και η οικογένειά σου θα πάτε ένα ταξίδι πολύ μακριά από τη χώρα σας. Μιλάς με τον φίλο / τη φίλη σου, και λες για το ταξίδι σας: πού θα πάτε, τι θα δείτε, πού θα μείνετε, τι καιρό θα κάνει εκεί, τι ρούχα και ποια πράγματα θα πάρεις μαζί σου.

Β΄ ρόλος

Ένα μακρινό ταξίδι

Τον άλλο μήνα ο φίλος / η φίλη σου και η οικογένειά του/της θα πάνε ένα ταξίδι πολύ μακριά από τη χώρα σας. Μιλάς με τον φίλο / τη φίλη σου για το ταξίδι του / της. Ρωτάς πού θα πάει, τι θα δει, πού θα μείνει, τι καιρό θα κάνει, τι ρούχα και ποια πράγματα θα πάρει μαζί του/της.

Παραγωγή Γραπτού Λόγου

1 Βλέπεις τις εικόνες και συμπληρώνεις τα κενά με τις λέξεις.

πλοίο, παγωτά, Ιούνιο, καλοκαίρι, θάλασσα, ποδήλατά, μαγιό

Το **0** _καλοκαίρι_ είναι η αγαπημένη μου εποχή. Τον **1** _____ κλείνουν τα σχολεία και παίζω κάθε μέρα με τους φίλους μου. Τρώμε πολλά **2** _____ και κάνουμε βόλτες με τα **3** _____ μας.

Επίσης, πηγαίνουμε διακοπές στη γιαγιά και στον παππού μου. Η γιαγιά και ο παππούς μου μένουν σε ένα νησί, τη Θάσο. Πηγαίνουμε εκεί με το **4** _____. Στο νησί μένουμε όλο τον Αύγουστο.

Η μαμά και ο μπαμπάς δεν δουλεύουν. Φοράμε όλη μέρα τα **5** _____ μας και τα καπέλα μας και κάνουμε μπάνιο στη **6** _____. Τα βράδια πηγαίνουμε όλοι μαζί βόλτα και περνάμε υπέροχα.

2 Ο φίλος / Η φίλη σου θα πάει το Σαββατοκύριακο στο βουνό. Γράφεις ένα μήνυμα και λες τι μπορεί να κάνει. Οι εικόνες θα σε βοηθήσουν.

_____
_____
_____
_____
_____
_____
_____
_____
_____

Θυμάσαι;

1 Βρίσκεις τη λέξη που δεν ταιριάζει και τη ζωγραφίζεις.

μήνες
Αύγουστος
Οκτώβριος
άνοιξη

μετακίνηση μέσα στην πόλη
λεωφορείο
αεροπλάνο
αυτοκίνητο

ταξίδια
βαλίτσα
ξενοδοχείο
χέρι

υγεία
άρρωστος
φάρμακο
παγωτό

2 Βλέπεις τις εικόνες, συμπληρώνεις το σταυρόλεξο και κάνεις μια ιστορία με τις λέξεις.

ΣΤΟΜΑ

86

3 Βλέπεις τις εικόνες και απαντάς στις ερωτήσεις.

0. - Ποιανού είναι η φωτογραφική μηχανή;
- _Δική του_.

1. - Ποιανής είναι το βιβλίο;
- _____.

2. - Ποιανού είναι οι μπότες;
- _____.

3. - Ποιανών είναι οι σκούφοι;
- _____.

4. - Ποιανών είναι οι ομπρέλες;
- _____.

5. - Ποιανών είναι ο χάρτης;
- _____.

4 Βάζεις σε κύκλο το σωστό.

0. Ποιον / (Σε ποιον) θα πας το απόγευμα;
1. Σε πόσο / Σε ποιο ξενοδοχείο θα μείνεις;
2. Το πράσινο ποδήλατο δεν είναι δικό μου / δική μου.
3. Σε πόσο / πόση ώρα θα φτάσουμε στην Αθήνα;
4. Τι / Ποιο θα φάτε για βραδινό;
5. - Ποιανών είναι τα μολύβια;
- Δικά μας / Δικό μας.
6. Ποιους / Πόσα θα καλέσεις στο πάρτι σου;
7. Ποιο / Ποια λεωφορείο παίρνεις το πρωί;
8. - Ποιανού είναι η μπλε τσάντα;
- Είναι δική μου / δικός μου.

5 Συμπληρώνεις τα κενά.

0. Έξω βρέχει. _Πάρτε_ (παίρνω) τις ομπρέλες σας.
1. _____ (πίνω) ένα τσάι. Θα κάνει καλό στον λαιμό σου.
2. _____ (δίνω), παρακαλώ, τα τετράδιά σας.
3. Γιώργο, _____ (καθαρίζω) το δωμάτιό σου.
4. Μαρία, _____ (ανοίγω) το παράθυρο. Έχει πολύ κρύο.
5. Μιχάλη, Παντελή, _____ (ψάχνω) γρήγορα τα κλειδιά μου.
6. _____ (τρώω) όλη την τούρτα. Θα πονέσει η κοιλιά σου.

Θυμάσαι;

Επιτραπέζιο παιχνίδι

36 ΤΕΛΟΣ

35 Κάνεις μια πρόταση με τη λέξη

34 Πηγαίνεις πάλι στην αρχή.

33 Κάνεις μια πρόταση με τη λέξη

32

19 Κάνεις μια πρόταση με τη λέξη

20 Πηγαίνεις δύο βήματα πίσω.

21 Κάνεις μια πρόταση με τη λέξη

22 Σου αρέσουν τα ταξίδια; Γιατί;

23

18 Πηγαίνεις δύο βήματα μπροστά.

17 Κάνεις μια πρόταση με τη λέξη

16 Έξω χιονίζει. Τι φοράς;

15 Κάνεις μια πρόταση με τη λέξη

1 ΑΡΧΗ

2 Ταξιδεύεις με αεροπλάνο; Σου αρέσει; Γιατί;

3 Κάνεις μια πρόταση με τη λέξη

4 Πώς πηγαίνεις στο σχολείο;

5

31 Κάνεις μια πρόταση με τη λέξη	30 Ποια εποχή σου αρέσει; Γιατί;	29 Κάνεις μια πρόταση με τη λέξη	Ποιους μήνες έχει το καλοκαίρι; 28
24 Πηγαίνεις δύο βήματα μπροστά.	25 Κάνεις μια πρόταση με τη λέξη	Πηγαίνεις δύο βήματα πίσω. 26	27 Κάνεις μια πρόταση με τη λέξη
13 Κάνεις μια πρόταση με τη λέξη	Βρέχει. Τι φοράς; 12	11 Κάνεις μια πρόταση με τη λέξη	Έχεις πυρετό. Τι κάνεις; 10
Προτιμάς το τρένο ή το αυτοκίνητο; Γιατί; 6	Κάνεις μια πρόταση με τη λέξη 7	8 Τι κάνεις τα καλοκαίρια;	Κάνεις μια πρόταση με τη λέξη 9

Ενότητα 26

Δουλειές στο σπίτι

Βλέπεις τον τίτλο και τις εικόνες. Τι λένε οι διάλογοι;

1 Διαβάζεις τους διαλόγους και ενώνεις τις προτάσεις.

Η Μαρία, ο Τάσος, η Σωτηρία και ο Γιώργος είναι αδέρφια. Σήμερα είναι Σάββατο και η μαμά τους δουλεύει μέχρι το βράδυ. Τα παιδιά ετοιμάζουν μια έκπληξη στη μαμά. Θα κάνουν όλες τις δουλειές στο σπίτι και η μαμά θα βρει το σπίτι καθαρό!

- Μαρία, τι δουλειές έχουμε σήμερα;
- Αχ, Τάσο, σήμερα θα καθαρίσουμε όλο το σπίτι.
- Τι φασαρία είναι αυτή πρωί πρωί! Κοιμάμαι!
- Εγώ δεν μπορώ. Είμαι άρρωστη.
- Πάλι είσαι άρρωστη, Σωτηρία;
- Λοιπόν...εσύ, Σωτηρία, θα πλύνεις τα ρούχα. Ο Γιώργος θα τα σιδερώσει, εγώ θα σφουγγαρίσω και θα ξεσκονίσω και εσύ, Μαρία, θα μαγειρέψεις.
- Θα μαγειρέψω το αγαπημένο σας φαγητό, μακαρόνια!
- Μμμ, δύσκολο φαγητό διάλεξες ...

	ΠΡΩΤΟΣ ΠΙΝΑΚΑΣ	ΔΕΥΤΕΡΟΣ ΠΙΝΑΚΑΣ	
0.	Η Σωτηρία	θα μαγειρέψει.	
1.	Ο Γιώργος	θα σφουγγαρίσει και θα ξεσκονίσει.	
2.	Ο Τάσος	θα πλύνει τα ρούχα.	0
3.	Η Μαρία	θα σιδερώσει.	

2 Διαβάζεις ξανά τους διαλόγους και λες την ιστορία στην τάξη.

3 Ενώνεις τα παζλ και γράφεις προτάσεις με τις λέξεις.

σκουπίζω   σφουγγαρίζω   πλένω   μαγειρεύω   σιδερώνω

σφουγγαρίστρα   σκούπα   κατσαρόλα   σίδερο   πλυντήριο
              σκουπίζω
              με τη σκούπα

4 Βάζεις σε κύκλο το σωστό.

0. Η Ελένη κρατάει την κατσαρόλα.
   (Θα μαγειρέψει) / Θα σφουγγαρίσει.

1. Θα πλύνω / Θα σφουγγαρίσω τα ρούχα.

2. Θα σκουπίσω / Θα πλύνω το πάτωμα.

3. Θα σιδερώσω / Θα πλύνω τα ρούχα μου. Είναι πολύ βρόμικα.

4. Βάλε νερό στον κουβά / στο σίδερο. Θα σφουγγαρίσουμε.

5 Τι κάνεις με τα αντικείμενα; Βλέπεις τις εικόνες, συμπληρώνεις το σταυρόλεξο και γράφεις μια ιστορία με τις λέξεις.

Σ Κ Ο Υ Π Ι Ζ Ω

Διαλέγεις μια λέξη από την άσκηση 3 και την περιγράφεις στην τάξη χωρίς να μιλήσεις.

91

6 Κάνεις τον λαβύρινθο, κολλάς τα αυτοκόλλητα στο σωστό τετραγωνάκι και γράφεις τι θα κάνει ο κάθε ένας.

Η Ελένη κρατάει μια σφουγγαρίστρα κι έναν κουβά.

Ο Νίκος είναι στην κουζίνα και κρατάει μια κατσαρόλα.

Ο Γιάννης έχει μια σκούπα.

Η Μαρία είναι μπροστά σε μια σιδερώστρα και κρατάει το σίδερο.

Ο Σωτήρης βάζει πλυντήριο.

7 Η Ελένη έχει πολλά ζώα. Για ποια μιλάει σε κάθε πρόταση; Βγαίνεις από τον λαβύρινθο και βρίσκεις την απάντηση.

- Τη χτενίζω κάθε μέρα.
- Τον βγάζω έξω βόλτα δύο φορές τη μέρα.
- Τα βάζω φαγητό μια φορά την εβδομάδα.
- Τις ταΐζω 3 φορές την εβδομάδα.

εγώ	εμένα	με
εσύ	εσένα	σε
αυτός	αυτόν	τον
αυτή	αυτή(ν)	τη(ν)
αυτό	αυτό	το
εμείς	εμάς	μας
εσείς	εσάς	σας
αυτοί	αυτούς	τους
αυτές	αυτές	τις
αυτά	αυτά	τα

8 Η Ελένη δίνει συμβουλές. Για ποια ζώα μιλάει; Διαβάζεις τις προτάσεις και λες.

1. Μην τις ταΐσεις σήμερα. Θα τις ταΐσω εγώ.
2. Μην τη χτενίσεις σήμερα. Θα τη χτενίσω εγώ.

9 Βάζεις σε κύκλο το σωστό.

0. - Ξέρεις τον Κώστα;
- Ναι, φυσικά τον / την ξέρω.

1. - Πού θα βάλω την τσάντα μου;
- Βαλ' την / τα πάνω στην καρέκλα.

2. - Πότε θα ταΐσεις τις κούκλες σου;
- Θα τους / τις ταΐσω τώρα.

3. - Πότε κάνεις τα μαθήματά σου;
- Τα / Τους κάνω τα απογεύματα.

4. - Γιάννη, πότε θα καθαρίσεις το δωμάτιό σου;
- Θα το / την καθαρίσω αύριο.
- Όχι αύριο, Γιάννη. Καθάρισέ τον / το σήμερα.

5. - Δεν θα πλύνω τα πιάτα τώρα. Δεν έχω χρόνο.
- Εντάξει. Μην το / τα πλύνεις.

10 Συμπληρώνεις τα κενά.

0. Μαίρη, ___σε___ βλέπω κάθε μέρα στο πάρκο.

1. Καθάρισέ _____, γιατί είναι πολύ βρόμικα.

2. Δες _____. Είναι πολύ όμορφη.

3. Εμάς θα _____ καλέσεις στο πάρτι σου;

4. Ο Γιάννης έφαγε. Μην _____ ταΐσεις. Ο Δημήτρης όμως πεινάει. Τάισέ _____.

5. Δεν μπορώ τώρα. Σιδερώνω τις κουρτίνες. Πρώτα θα _____ σιδερώσω και μετά θα έρθω.

11 Απαντάς στις ερωτήσεις.

0. Καθαρίζεις τον κήπο κάθε μέρα;   Ναι, τον καθαρίζω. / Όχι, δεν τον καθαρίζω.
1. Πλένεις τα ρούχα κάθε εβδομάδα;
2. Χτενίζεις τις κούκλες σου;
3. Βάφεις τα παπούτσια σου;
4. Συναντάς τους φίλους σου κάθε μέρα;
5. Έχει ζέστη. Θα ανοίξεις το παράθυρο;
6. Θα καλέσεις την Ελένη στο πάρτι σου;
7. Βλέπεις εμένα και την αδερφή μου;

12 Ψαρεύεις το Σωστό και το Λάθος.

Σωστό

Λάθος

Την αγαπώ.

Πότε πλένεις τα;

Μην ταΐσεις την.

Τους συναντώ στο πάρκο.

Τις ξέρω.

Δεν μιλώ τους.

Δεν θα την καθαρίσω το σπίτι.

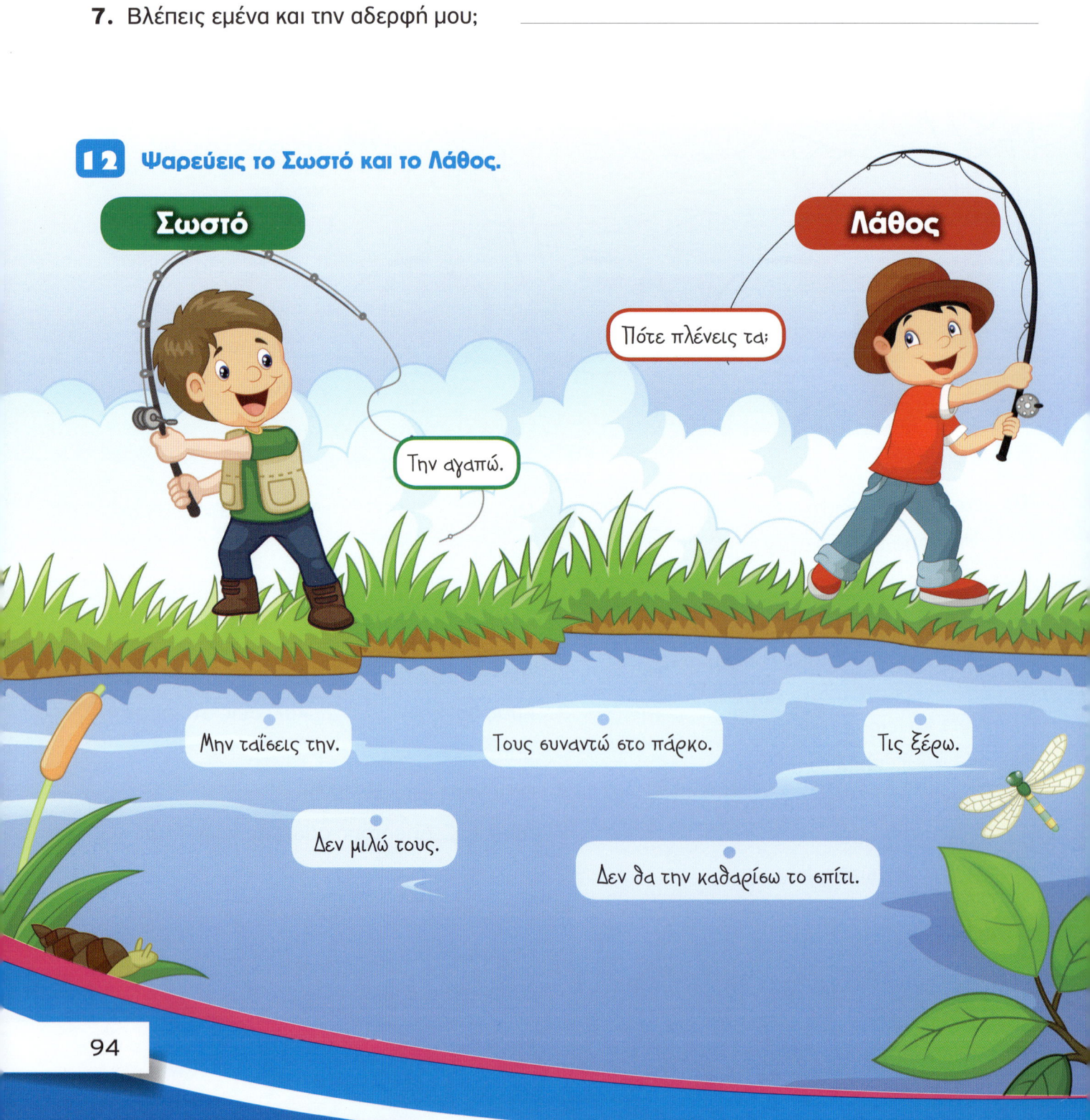

94

13 Ακούς το κείμενο και σημειώνεις ποια είναι η Ελένη και ποια η Μαρία.

(cd 2, 20)

Βλέπεις με προσοχή τις εικόνες. Ποιες είναι οι διαφορές τους σε κάθε σειρά;

Ελένη

Μαρία

14 Ακούς ξανά και λες στην τάξη τι κάνει η Ελένη και τι κάνει η Μαρία κάθε μέρα. Ποιες δουλειές κάνουν και οι δύο;

95

Ενότητα 26

Ενότητα 27

Αγαπώ τα αθλήματα

Βλέπεις τον τίτλο και τις εικόνες. Μαντεύεις τι λένε τα κείμενα.

1 Διαβάζεις τα κείμενα και βάζεις ✓ κάτω από το Σωστό ή το Λάθος.

Άννα

Κάθε απόγευμα πηγαίνω στη ρυθμική γυμναστική. Φτάνω στο γυμναστήριο, βάζω το κορμάκι και τα παπούτσια μου. Εκεί είναι και οι φίλες μου. Χορεύουμε, πετάμε τις μπάλες και τις κορίνες ψηλά και πηδάμε με τα σκοινάκια. Αγαπώ πολύ αυτήν τη γυμναστική!

Κώστας

Μου αρέσει το ποδόσφαιρο και αγαπώ πολύ την ομάδα μου. Κάθε Κυριακή πηγαίνω στο γήπεδο με τον μπαμπά μου. Αγοράζουμε σάντουιτς και πατατάκια από το κυλικείο και τα τρώμε. Οι παίκτες μπαίνουν στο γήπεδο και όλοι φωνάζουμε «ΟΛΕ-ΟΛΕ!». Ο διαιτητής σφυρίζει με τη σφυρίχτρα του και ο αγώνας αρχίζει. Πάντα έχω πολλή αγωνία. Όταν βάζουμε γκολ, πάντα φωνάζω σαν τρελός «ΓΚΟΟΟΟΛ!».

		ΣΩΣΤΟ	ΛΑΘΟΣ
0.	Η Άννα κάθε απόγευμα κάνει γυμναστική.	✓	
1.	Η Άννα κάνει γυμναστική με τις φίλες της.		
2.	Ο Κώστας πηγαίνει συχνά στο γήπεδο.		
3.	Ο Κώστας δεν τρώει τίποτα στο γήπεδο.		
4.	Ο Κώστας βλέπει τον αγώνα χωρίς αγωνία.		

2 Διαβάζεις ξανά τα κείμενα και λες τι κάνει η Άννα και τι κάνει ο Κώστας.

3 Κολλάς τα αυτοκόλλητα.

4 Βλέπεις τις εικόνες και λες τι χρειάζεται ο διαιτητής, τι ο τερματοφύλακας και τι ο ποδοσφαιριστής.

γάντια	σφυρίχτρα
κόκκινη κάρτα	κίτρινη κάρτα
μπάλα	γήπεδο

τερματοφύλακας
παίκτης
διαιτητής

5 Η Σοφία είναι μπαλαρίνα και ο Λευτέρης ποδοσφαιριστής. Τι θα αγοράσουν σήμερα από τα μαγαζιά; Πόσα χρήματα θα πληρώσει κάθε παιδί;

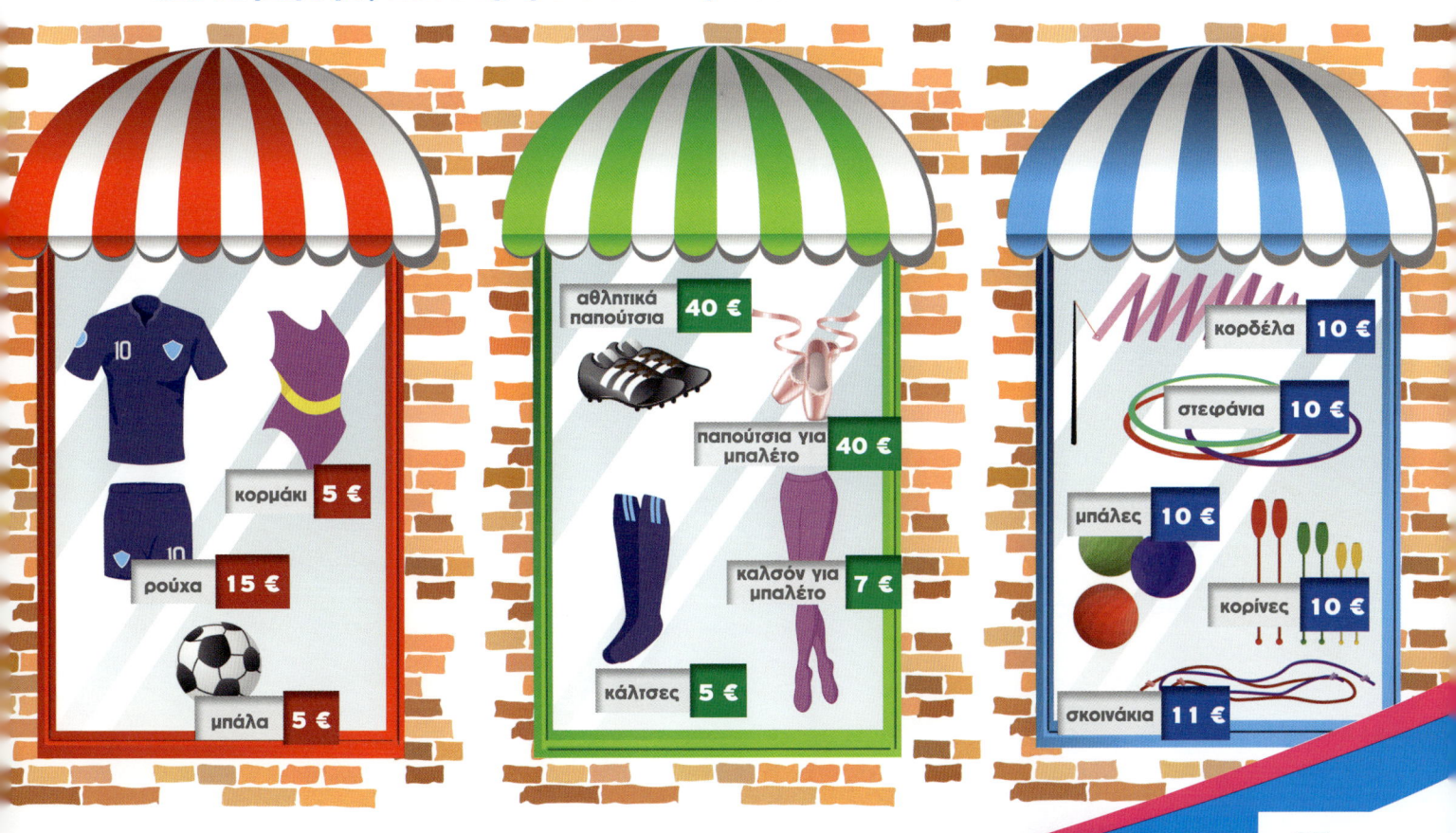

κορμάκι 5 €
ρούχα 15 €
μπάλα 5 €

αθλητικά παπούτσια 40 €
παπούτσια για μπαλέτο 40 €
καλσόν για μπαλέτο 7 €
κάλτσες 5 €

κορδέλα 10 €
στεφάνια 10 €
μπάλες 10 €
κορίνες 10 €
σκοινάκια 11 €

97

6 Ενώνεις τα παζλ και γράφεις τις λέξεις / φράσεις.

τρέ	κλο	πε	πη	πέ	βάζω
φτω	χω / τρέχω	τώ	τσάω	δάω	γκολ

7 Βάζεις σε κύκλο το σωστό.

0. Δες τα παιδιά! Παίζουν κυνηγητό. Κλοτσάνε / (Τρέχουν).

1. Ο Σωτήρης είναι πολύ καλός ποδοσφαιριστής. Κλοτσάει / Βάζει συνέχεια γκολ.

2. Η Ελένη είναι μπαλαρίνα και χορεύει / πέφτει πολύ ωραία.

3. Ο διαιτητής πάντα έχει μαζί του μια σφυρίχτρα / κορδέλα.

8 Η Σοφία είναι μπαλαρίνα και ο Λευτέρης ποδοσφαιριστής. Τι κάνει το κάθε παιδί στο άθλημά του; Κάνεις προτάσεις με τις λέξεις / φράσεις.

χάνω, κερδίζω, τρέχω, κλοτσάω, πετώ, χορεύω, πηδάω, πέφτω, βάζω γκολ

98

9 Διαβάζεις τον διάλογο και βάζεις σε κύκλο το σωστό.

Άρης:	Λάμπρο, σήμερα έχει αγώνα. Θα τον δούμε;
Λάμπρος:	Ναι, φυσικά. Είναι τελικός! Τον τελικό θα χάσουμε;
Άρης:	Θα τον δούμε στο σπίτι ή θα πάμε σε κανένα μαγαζί με τον μπαμπά;
Λάμπρος:	Όχι, στο σπίτι.
Άρης:	Εντάξει. Πάω στο σούπερ μάρκετ. Θέλεις τίποτα;
Λάμπρος:	Πάρε καμιά σοκολάτα και κανένα πατατάκι.
Άρης:	Εντάξει. Τίποτε άλλο; Κανένα αναψυκτικό;
Λάμπρος:	Μπα, όχι. Εγώ δεν θέλω τίποτα.
Άρης:	Καλά. Πηγαίνω. Θα είμαστε μόνοι ή θα έρθει και κανένας άλλος;
Λάμπρος:	Κανένας άλλος. Ρώτησα τον μπαμπά και θα είμαστε μόνοι.

1. Ο Λάμπρος θέλει από το σούπερ μάρκετ
   α. σοκολάτα και πατατάκια.
   β. πορτοκαλάδα και σοκολάτα.
   γ. πατατάκια και πορτοκαλάδα.

> κανένας (κανείς)-καμία (καμιά)-κανένα
> άλλος-άλλη-άλλο
> τίποτα / τίποτε

2. Ο Λάμπρος και ο Άρης θα δουν τον αγώνα
   α. μόνοι.
   β. με φίλους.

10 Βάζεις σε κύκλο το σωστό.

0. - Θα πάρουμε (κανέναν) / τίποτα καινούριο παίκτη φέτος;
- Όχι, δεν θα πάρουμε κανέναν / καμία.

1. - Δεν έχουμε καλή ομάδα φέτος. Δεν θα έχουμε καμιά / τίποτα νίκη. Θα δεις.
- Ε, όχι και καμιά / άλλη. Δεν το πιστεύω.

2. Αύριο έχω προπόνηση και δεν έχω μπάλα. Έχεις καμιά / τίποτα μπάλα εσύ;

3. Δεν μου άρεσε αυτό το γυμναστήριο. Θα πάω σε ένα άλλο / άλλος, κοντά στη γειτονιά μου.

4. Θα πάρεις τίποτα / κανένα από την αγορά;

11 Συμπληρώνεις τα κενά.

0. Αύριο έχει αγώνα. Θα πάω με τον αδερφό μου στο γήπεδο. Θα έρθει ___κανείς___;

1. Αύριο η Μαρία έχει αγώνα. Κορίτσια, θα πάει _____ μαζί της για παρέα;

2. Δεν μου αρέσει αυτή η κορδέλα. Θα ψάξω για μια _____.

3. - Θέλεις _____ από το σούπερ μάρκετ;
- Πάρε _____ πορτοκαλάδα.

4. Δεν θα πάρω _____. Ευχαριστώ.

12 Ψαρεύεις το Σωστό και το Λάθος.

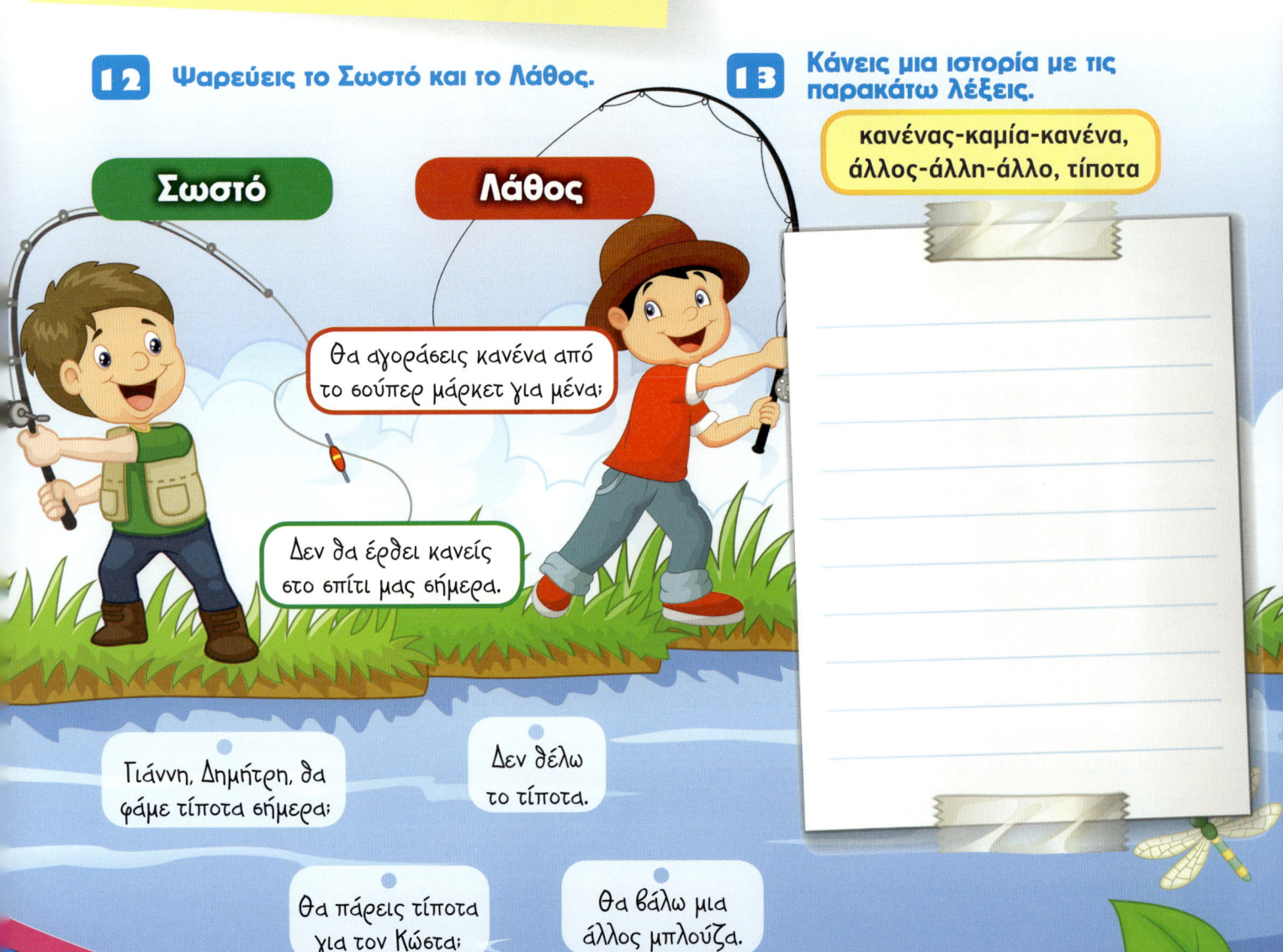

Σωστό
- Δεν θα έρθει κανείς στο σπίτι μας σήμερα.
- Γιάννη, Δημήτρη, θα φάμε τίποτα σήμερα;

Λάθος
- Θα αγοράσεις κανένα από το σούπερ μάρκετ για μένα;
- Δεν θέλω το τίποτα.
- Θα πάρεις τίποτα για τον Κώστα;
- Θα βάλω μια άλλος μπλούζα.

13 Κάνεις μια ιστορία με τις παρακάτω λέξεις.

κανένας-καμία-κανένα, άλλος-άλλη-άλλο, τίποτα

14 Ακούς τον διάλογο και βάζεις σε κύκλο το σωστό.
(cd 2, 21)

Διαβάζεις με προσοχή τις προτάσεις. Ποιες λέξεις δεν καταλαβαίνεις;

0. Ο Πέτρος μιλάει με τον Στέλιο
  α. στο τηλέφωνο.
  β. στον δρόμο.
  (γ.) στο σχολείο.

1. Ο Στέλιος παίζει
  α. μπάλα.
  β. ρακέτες.
  γ. τένις.

2. Ο Στέλιος στους αγώνες
  α. τρέχει σε όλο το γήπεδο.
  β. είναι πάντα στο τέρμα.
  γ. είναι στον πάγκο.

3. Ο Πέτρος
  α. ξέρει καλό ποδόσφαιρο.
  β. δεν ξέρει ποδόσφαιρο.
  γ. ξέρει λίγο ποδόσφαιρο.

4. Ο Στέλιος καλεί τον Πέτρο
  α. στην ομάδα του.
  β. στο σπίτι του.
  γ. στο πάρκο.

15 Ακούς ξανά και λες την ιστορία στην τάξη.

Ενότητα 28

Δραστηριότητες το απόγευμα

Βλέπεις τις εικόνες. Για τι μιλάνε οι αφίσες;

1 Διαβάζεις τις αφίσες και ενώνεις τις προτάσεις.

Σχολή «Οι μικρές μπαλαρίνες»
- Κλασικό μπαλέτο
- Μοντέρνοι και παραδοσιακοί χοροί
- Τμήματα για παιδιά και μεγάλους

Τιμές: Παιδιά: 30 ευρώ
Μεγάλοι: 35 ευρώ

Εγγραφές από τον Σεπτέμβριο κάθε μέρα 5-8 το απόγευμα

Εργαστήρι «Το μαγικό πινέλο»
Μαθήματα για παιδιά 7-10 χρονών.
Βάλτε χρώμα στη ζωή σας!
Ζωγραφίστε και γίνετε πάλι παιδιά!
Κάθε Σάββατο στις 10 το πρωί.

Τιμή: 25 ευρώ τον μήνα.

Μουσική σχολή «ΝΤΟ-ΡΕ-ΜΙ»
Τώρα 28 ευρώ τον μήνα για τους καινούριους μαθητές:
- πιάνο
- κιθάρα
- βιολί
- αρμόνιο
- ντραμς
- μπουζούκι
- μπαγλαμάς
- τραγούδι

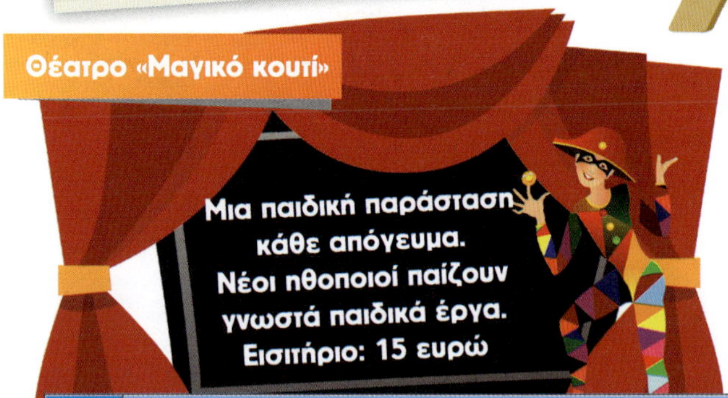

Θέατρο «Μαγικό κουτί»
Μια παιδική παράσταση κάθε απόγευμα.
Νέοι ηθοποιοί παίζουν γνωστά παιδικά έργα.
Εισιτήριο: 15 ευρώ

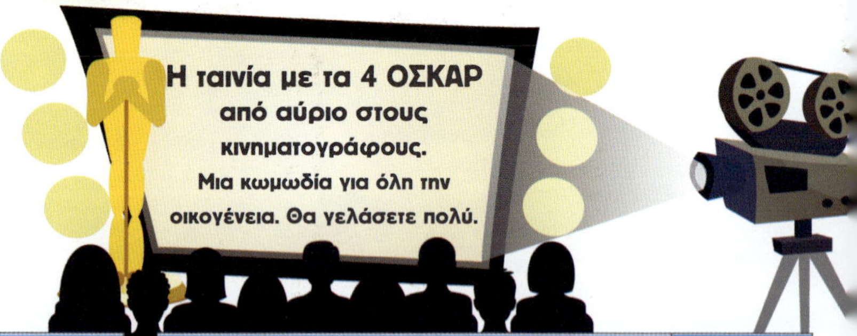

Η ταινία με τα 4 ΟΣΚΑΡ από αύριο στους κινηματογράφους.
Μια κωμωδία για όλη την οικογένεια. Θα γελάσετε πολύ.

	ΠΡΩΤΟΣ ΠΙΝΑΚΑΣ	ΔΕΥΤΕΡΟΣ ΠΙΝΑΚΑΣ	
0.	Η Μαρία πηγαίνει χορό στη σχολή	«ΝΤΟ-ΡΕ-ΜΙ».	
1.	Ο Κωστάκης πηγαίνει ζωγραφική στη σχολή	30 ευρώ τον μήνα.	
2.	Ο Αποστόλης κάνει κιθάρα στη σχολή	«Οι μικρές μπαλαρίνες».	0
3.	Η Μαρία πληρώνει	15 ευρώ.	
4.	Ο Κωστάκης πληρώνει	«Το μαγικό πινέλο».	
5.	Το εισιτήριο για την παιδική παράσταση είναι	25 ευρώ τον μήνα.	

2 Διαβάζεις ξανά τις αφίσες και λες στην τάξη τι σου αρέσει και γιατί.

3 Ενώνεις τα παζλ και γράφεις τις λέξεις.

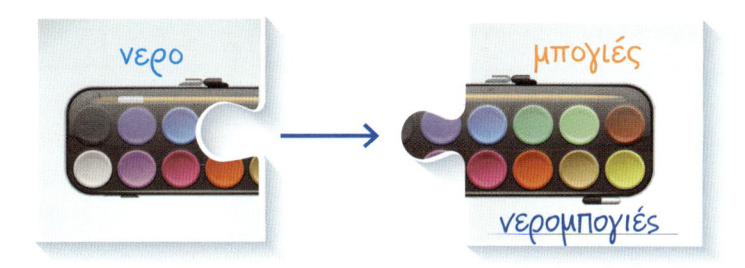

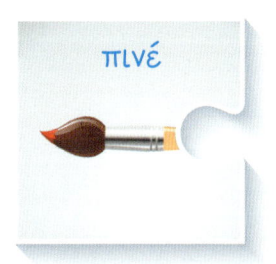

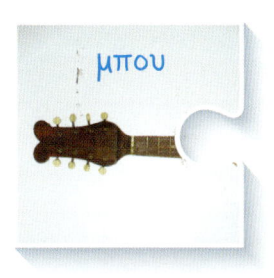

νερο → μπογιές
νερομπογιές

κιθά — ρα
_____

πινέ — ζούκι
_____

μπου — λο
_____

βιο — νο
_____

πιά — λί
_____

4 Ποια από τα πράγματα στην άσκηση 3 έχει ο Δημήτρης και ποια ο Πέτρος;

Ο Πέτρος δουλεύει σε μουσική σχολή.

Ο Δημήτρης ζωγραφίζει.

103

5 Ενώνεις τις προτάσεις με τις εικόνες.

Ο Κώστας παίζει κιθάρα και οι φίλοι του τον ακούνε.

Η Σοφία είναι στον κινηματογράφο. Βλέπει μια κωμωδία και γελάει πολύ.

Η Μαρία παίζει πιάνο.

Ο Αλέξης είναι στο θέατρο και βλέπει μια παράσταση.

Η Όλγα κάνει μπαλέτο.

Ο Νίκος παίζει ντραμς.

104

6 Τι έχουν μέσα στην τσάντα τους τα παιδιά; Συμπληρώνεις τα κενά με τις παρακάτω λέξεις.

πινέλο, μπουζούκι, βιολί, εισιτήριο

0. Η Ελένη πηγαίνει στη ζωγραφική. Μέσα στην τσάντα της έχει ένα ____πινέλο____.

1. Ο Κώστας αγαπάει τη λαϊκή μουσική. Μέσα στην τσάντα του έχει ένα _____.

2. Ο Ηλίας αγαπάει την κλασική μουσική. Μέσα στην τσάντα του έχει ένα _____.

3. Η Σοφία πηγαίνει στο θέατρο. Μέσα στην τσάντα της έχει ένα _____.

7 Βλέπεις τις εικόνες, συμπληρώνεις το σταυρόλεξο και κάνεις μια ιστορία με τις λέξεις.

Ζ
Ω
Γ
Ρ
Α
Φ
Ι
Ζ
Ω

105

Ενότητα 28

8 Ποιες μέρες οι δύο τραγουδίστριες είναι στην ίδια πόλη;

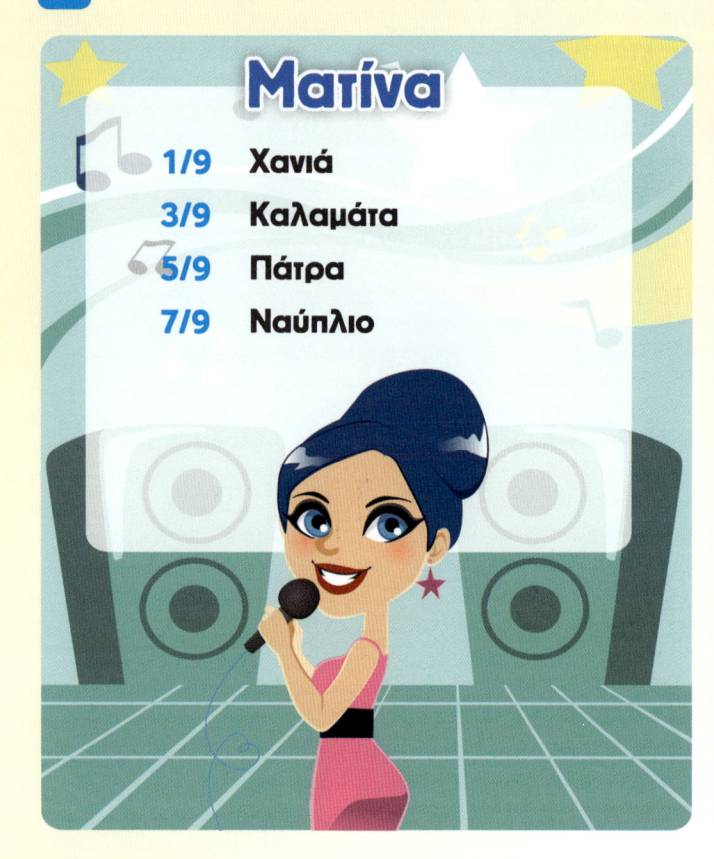

Ματίνα
- 1/9 Χανιά
- 3/9 Καλαμάτα
- 5/9 Πάτρα
- 7/9 Ναύπλιο

Σαμπρίνα
- 1/9 Σπάρτη
- 3/9 Καλαμάτα
- 5/9 Πάτρα
- 7/9 Ναύπλιο

ΤΩΡΑ/ΣΥΝΗΘΩΣ	ΧΘΕΣ, ΠΡΟΧΘΕΣ, ΠΕΡΥΣΙ
ακούω	άκου**σα**
αγοράζω	αγόρα**σα**
πληρώνω	πλήρω**σα**
παίζω	έπαι**ξα**
ανοίγω	άνοι**ξα**
χορεύω	χόρε**ψα**
γράφω	έγρα**ψα**
μιλάω (-ώ) (απαντώ, βοηθώ, ξυπνώ, κρατώ, περπατώ, ρωτώ, σταματώ, αργώ, τηλεφωνώ)	μίλ**ησ**α
γελάω (-ώ) (πεινάω, διψάω, περνώ, ξεχνώ)	γέλ**ασ**α
φοράω (-ώ) (πονάω, καλώ, μπορώ)	φόρε**σα**

0. Σήμερα και οι δύο τραγουδίστριες <u>τραγουδούν στην Πάτρα</u>.

1. Χθες η Ματίνα
_____.

2. Προχθές και οι δύο τραγουδίστριες
_____.

3. Αύριο η Σαμπρίνα
_____.

4. Μεθαύριο και οι δύο τραγουδίστριες
_____.

εγώ	χόρεψ**α**	έπαιξ**α**
εσύ	χόρεψ**ες**	έπαιξ**ες**
αυτός/αυτή/αυτό	χόρεψ**ε**	έπαιξ**ε**
εμείς	χορέψ**αμε**	παίξ**αμε**
εσείς	χορέψ**ατε**	παίξ**ατε**
αυτοί/αυτές/αυτά	χόρεψ**αν**	έπαιξ**αν**

9 Τι έγινε χθες; Γίνεστε ζευγάρια, ακολουθείτε τη σωστή διαδρομή και βγαίνετε από τον λαβύρινθο.

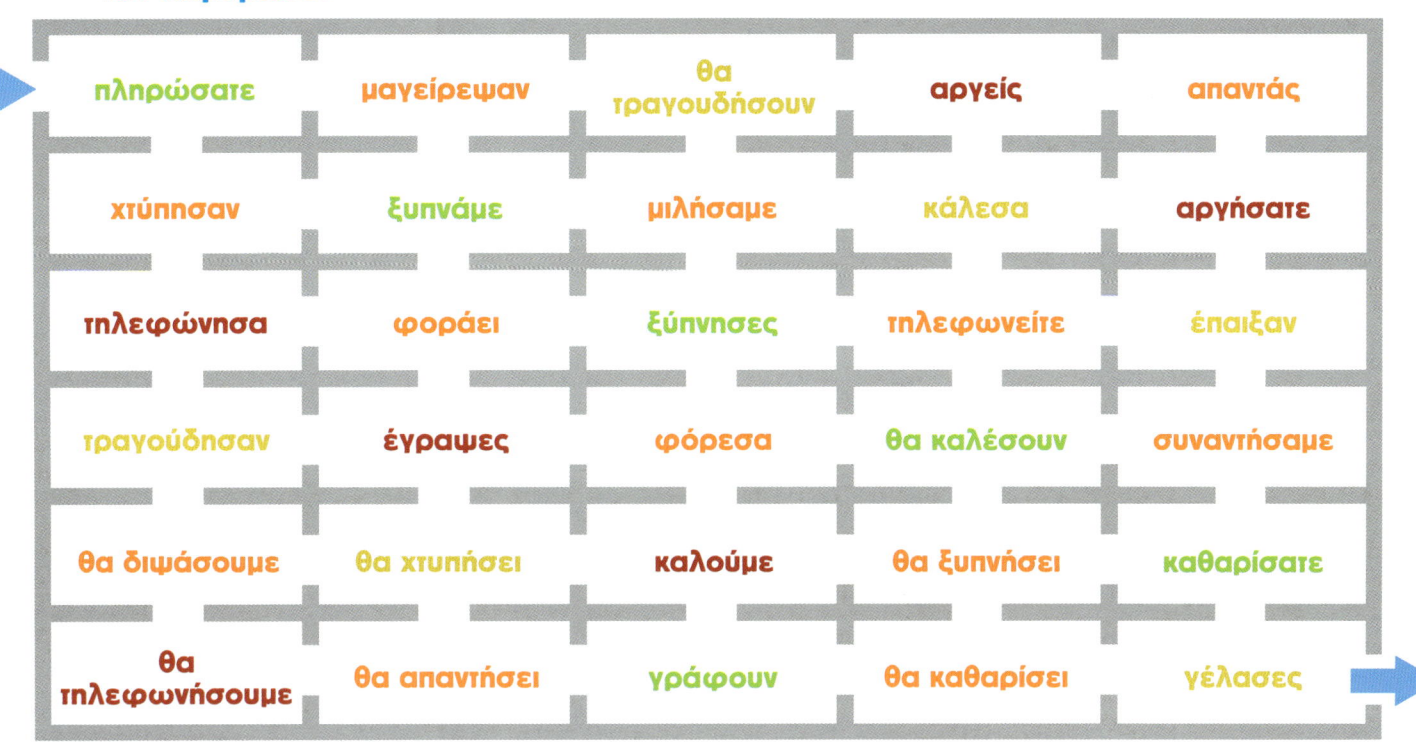

πληρώσατε	μαγείρεψαν	θα τραγουδήσουν	αργείς	απαντάς
χτύπησαν	ξυπνάμε	μιλήσαμε	κάλεσα	αργήσατε
τηλεφώνησα	φοράει	ξύπνησες	τηλεφωνείτε	έπαιξαν
τραγούδησαν	έγραψες	φόρεσα	θα καλέσουν	συναντήσαμε
θα διψάσουμε	θα χτυπήσει	καλούμε	θα ξυπνήσει	καθαρίσατε
θα τηλεφωνήσουμε	θα απαντήσει	γράφουν	θα καθαρίσει	γέλασες

10 Βλέπεις ξανά τον πίνακα στη σελίδα 106 και συμπληρώνεις, όπως στο παράδειγμα.

παί<u>ζω</u>, γράφω, χορεύω, απαντώ, βοηθώ, πεινάω, διψάω, φορώ, τηλεφωνώ

(•) (•) (•) 🔔 • •	(•) (•) (•) 🔔 •	(•) (•) • 🔔
παίζουμε έπαιξα παίξαμε	παίζω	

Ενότητα 28

11 Βάζεις σε κύκλο το σωστό.

0. Εγώ (τηλεφώνησα)/ τηλεφωνήσαμε στη Μαρία και (απάντησε)/ απάντησαν η μαμά της.

1. Ρωτήσαμε την κυρία αλλά η κυρία δεν απάντησε / απαντήσαμε.

2. Ο Πέτρος κι εγώ γέλασαν / γελάσαμε χθες στον κινηματογράφο με την ταινία.

3. Δεν ξύπνησα / ξυπνήσαμε νωρίς σήμερα το πρωί και αργήσαμε / άργησαν στο σχολείο.

4. Συνάντησε / Συναντήσατε τη Δήμητρα και μίλησαν / μιλήσαμε λίγο.

5. Ποιους κάλεσε / κάλεσες ο Γιάννης στο πάρτι του;

6. Οι παίκτες έπαιξαν / παίξατε πολύ καλά χθες στον αγώνα.

7. Αγόρασα ένα μικρό δώρο για την αδερφή μου, όμως δεν ξέρω την τιμή του. Δεν το πλήρωσα / πληρώσαμε εγώ. Η μαμά μου το πλήρωσε / πλήρωσαν.

12 Συμπληρώνεις τα κενά.

0. Τι ___φόρεσες___ (φοράω) στο πάρτι, Μαρία;

1. Πέρυσι η Κατερίνα δεν _____ (καλώ) την Άννα στη γιορτή της.

2. Χθες, _____ (χάνω) το λεωφορείο και _____ (αργώ) λίγο στο σχολείο μου.

3. Χθες, στο πάρτι εγώ και οι φίλοι μου _____ (χορεύω) πάρα πολύ.

4. Μπαμπά, _____ (πληρώνω) τον λογαριασμό; Φεύγουμε;

5. _____ (περνώ) πολύ ωραία τις Απόκριες. _____ (τραγουδώ) και χορέψαμε πολύ.

13 Τι έκαναν χθες στο πάρτι τα παιδιά;

14 Ακούς τον διάλογο και συμπληρώνεις τις προτάσεις.
(cd 2, 22)

Διαβάζεις με προσοχή τις προτάσεις. Περιγράφεις την εικόνα.

0. Η Σοφία τηλεφωνεί στην _____Ελένη_____.

1. Η Σοφία καλεί την Ελένη _____.

2. Η Ελένη χθες ήταν _____.

3. Η Ελένη πλήρωσε _____.

4. Στην Ελένη άρεσε πιο πολύ το _____ από _____.

🎤 Μουσικό διάλειμμα
(cd 2, 23)

Σ' ένα όμορφο πλατάνι, πέρα εκεί μες στα βουνά,
τα μυρμήγκια μαζεμένα κάθονται προσεκτικά,
τραγουδάκια θα ακούσουν με βιολιά και με κρουστά.
Περιμένουνε να αρχίσει η παράσταση, παιδιά!
Και η συναυλία αρχίζει, βγαίνουνε οι μουσικοί,
όλοι είναι ένας κι ένας, είναι καταπληκτικοί!
Τα αηδόνια γλυκά τραγουδούνε και τα τριζόνια παίζουν βιολιά.
Παπάκια, πουλιά, βατράχια, τζιτζίκια χτυπούν τα τύμπανα με τα φτερά. (δις)
Όλο το δάσος γεμίζει με νότες, νότες και ζωντανή μουσική
και η ατμόσφαιρα είναι ωραία, είναι, σας λέω, μοναδική!
Τα αηδόνια γλυκά τραγουδούνε και τα τριζόνια παίζουν βιολιά.
Παπάκια, πουλιά, βατράχια, τζιτζίκια χτυπούν τα τύμπανα με τα φτερά. (δις)

15 Ακούς ξανά και κάνεις έναν παρόμοιο διάλογο με τον διπλανό / τη διπλανή σου.

Ενότητα 29 — Εκδρομή στο βουνό

Περιγράφεις τις εικόνες.

1 Διαβάζεις το κείμενο και συμπληρώνεις τα κενά με τις εικόνες.

Χθες κάναμε πικ νικ με την οικογένειά μου. Η μαμά ετοίμασε πολλά φαγητά. Τα βάλαμε όλα σε ένα μεγάλο καλάθι και πήγαμε σε ένα πολύ όμορφο μέρος στη φύση __0__. Περάσαμε αρκετή ώρα στο αυτοκίνητο, εγώ, ο αδερφός μου, η αδελφή μου, η μαμά, ο μπαμπάς και ο σκύλος μας, ο Φοξ ___.

Ξεκινήσαμε από τη Θεσσαλονίκη στις 7 το πρωί και φτάσαμε στο βουνό στις 11. Η διαδρομή ήταν πολύ όμορφη. Περάσαμε από τη λίμνη Βόλβη ___, από τον ποταμό Στρυμόνα ___ και μετά φτάσαμε στο βουνό Παγγαίο ___. Στρώσαμε τα πράγματά μας στο χώμα. Μετά παίξαμε μπάλα ___, φάγαμε, ήπιαμε, τραγουδήσαμε και περάσαμε τέλεια. Το απόγευμα πήγαμε σε μια φάρμα και είδαμε πολλά ζώα. Μου άρεσαν πολύ τα άλογα ___ και έκανα ιππασία.

2 Διαβάζεις ξανά το κείμενο και λες την ιστορία στην τάξη.

3 Ο Κώστας είναι στη φάρμα. Ποια ζώα βλέπει; Κολλάς τα αυτοκόλλητα.

παπαγάλος
άλογο
γουρούνι
γάτα
αγελάδα
γάιδαρος
σκύλος
πρόβατο
κατσίκι
κόκορας
κότα
πάπια
ποντίκι

4 Ο Νίκος είναι σε ένα ζωολογικό πάρκο. Ποια ζώα βλέπει; Κολλάς τα αυτοκόλλητα.

αρκούδα
καμηλοπάρδαλη
τίγρης
λιοντάρι
ελέφαντας
μαϊμού
λαγός
κροκόδειλος
χελώνα

5 Ποιο ζώο είναι; Βλέπεις τις εικόνες και γράφεις.

0. λύκος
1.
2.
3.
4.
5.
6.
7.

6 Τα ζώα από τη φάρμα συναντούν τα ζώα από το δάσος... Ποια είναι η συνέχεια; Γράφεις μια μικρή ιστορία και τη διαβάζεις στην τάξη.

Ενότητα 29

7 Τι έφαγαν και τι ήπιαν τα παιδιά στην εκδρομή; Κάνεις τον λαβύρινθο και συμπληρώνεις τις προτάσεις.

ΤΩΡΑ	ΧΘΕΣ / ΠΡΟΧΘΕΣ / ΠΕΡΥΣΙ
βάζω	έβαλα
βγάζω	έβγαλα
βλέπω	είδα
δίνω	έδωσα
είμαι	ήμουν
έρχομαι	ήρθα
έχω	είχα
κάνω	έκανα
καταλαβαίνω	κατάλαβα
λέω	είπα
μαθαίνω	έμαθα
μπαίνω	μπήκα
παίρνω	πήρα
πηγαίνω	πήγα
πίνω	ήπια
πλένω	έπλυνα
τρώω	έφαγα
φεύγω	έφυγα

εγώ	έβαλα
εσύ	έβαλες
αυτός/αυτή/αυτό	έβαλε
εμείς	βάλαμε
εσείς	βάλατε
αυτοί/αυτές/αυτά	έβαλαν

1. Η Ελπίδα _____.
2. Ο Κώστας _____.
3. Ο Πέτρος και ο Άρης
   _____.
4. Η Μαρία και η Ελένη
   _____.

8 Βάζεις σε κύκλο το σωστό.

1. Πέρυσι ο αδερφός μου κι εγώ ταξίδεψα / (ταξιδέψαμε) πολύ. Πήγαμε / Πήγα στην Κέρκυρα, στη Μύκονο και στην Κρήτη. Ήταν / Ήσουν πραγματικά πολύ ωραία.

2. Χθες πήγα / πήγατε με τη μαμά και τον μπαμπά μου σε μια ταβέρνα. Έφαγα / Φάγατε πάρα πολύ. Όλα τα φαγητά ήταν πολύ ωραία.

3. Ο Γιάννης είδε / είδαμε έναν φίλο του στον δρόμο και είπαν / είπαμε τα νέα τους.

4. Όλοι οι φίλοι μου ήρθες / ήρθαν στο πάρτι μου.

9 Βλέπεις ξανά τον πίνακα στη σελίδα 114 και συμπληρώνεις, όπως στο παράδειγμα.

βλέπω, δίνω, λέω, πίνω, τρώω, φεύγω, μπαίνω

🔔 • •	🔔 •
βλέπουμε	βλέπω
είδαμε	είδα

10 Συμπληρώνεις τα κενά.

Ο λύκος είναι με την αλεπού στο δάσος και λένε τα νέα τους.

– Τι ⁰ __έκανες__ (κάνω) αυτήν την εβδομάδα, λύκε;

– Τίποτα, τίποτα. Μια μέρα ¹ _____ (βλέπω) την Κοκκινοσκουφίτσα. ² _____ (μιλώ) λίγο και με ³ _____ (καλώ) στη γιαγιά της. Εκεί ⁴ _____ (περνώ) πολύ ωραία, ⁵ _____ (τρώω) και ⁶ _____ (πίνω) πολύ.

Χθες ⁷ _____ (πηγαίνω) στα τρία γουρουνάκια. ⁸ _____ (έρχομαι) και τα 7 κατσικάκια και ⁹ _____ (διασκεδάζω). Τα κατσικάκια ¹⁰ _____ (τραγουδώ) και τα γουρουνάκια ¹¹ _____ (χορεύω). Εγώ ¹² _____ (αργώ) λίγο! Όταν ¹³ _____ (μπαίνω) στο σπίτι ήταν όλοι εκεί. ¹⁴ _____ (φεύγω) αργά. ¹⁵ _____ (περνώ) πολύ ωραία. Εσύ τι έκανες;

– Εγώ ¹⁶ _____ (βλέπω) τον αγώνα με τον λαγό και τη χελώνα. Πολύ ωραίος αγώνας! Όλα τα ζώα ήμασταν εκεί. Η κουκουβάγια μας ¹⁷ _____ (λέω) τα νέα. ¹⁸ _____ (βλέπω) από ψηλά τη χελώνα. Δεν την ¹⁹ _____ (πιστεύω) κανείς. Η χελώνα νικήτρια; Κι όμως η χελώνα ²⁰ _____ (νικώ).

11 Ακούς τον διάλογο και βάζεις ✓ στη σωστή εικόνα στην κάθε σειρά.
(cd 2, 24)

Βλέπεις με προσοχή τις εικόνες στην κάθε σειρά και βρίσκεις τις διαφορές τους.

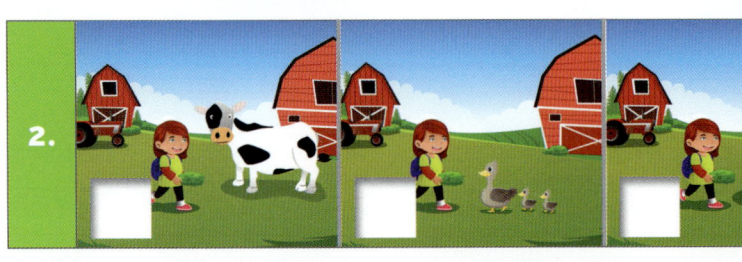

Μουσικό διάλειμμα
(cd 2, 25)

Φόρεσε ο γάτος μαύρα παπούτσια,
έβαλε μπέρτα, πήρε σπαθί,
έγινε γάτος παπουτσωμένος
κι έτσι ξεκίνησε για την εξοχή.
Πήρε μαζί του το αφεντικό του,
έναν φτωχό γιο μυλωνά,
για τον οποίο είχε σκοπό του
να τον βοηθήσει να κάνει λεφτά.
Σχέδιο έκαναν πολύ σπουδαίο
και το τηρήσανε με προσοχή.
Πέτυχαν πάρα πολλά και μεγάλα,
περιουσία έκαναν πολύ τρομερή.
Πήρανε κτήματα και αγελάδες,
χρυσάφι κέρδισαν πάρα πολύ.
Κι έτσι τον γάτο πολλοί αφεντάδες
κοντά τους θέλανε κάθε στιγμή.

12 Διαλέγεις μια εικόνα από την άσκηση 11 και την περιγράφεις στην τάξη.

116

Παραγωγή Προφορικού Λόγου

Βοηθάς τη μαμά σου στις δουλειές;

Ποιες δουλειές κάνεις;

Πώς περνάς τα απογεύματά σου;

Αγαπάς τα ζώα;

Έχετε ζώα στο σπίτι σας;

1 Τι βλέπεις στην εικόνα; Βάζεις ✓ στις προτάσεις.

Ο Μάνος κάνει δουλειές στο σπίτι.	
Ο Μάνος φοράει σαγιονάρες.	
Ο Μάνος καθαρίζει το μπάνιο.	
Ο Μάνος σκουπίζει τον κήπο.	
Ο Μάνος σιδερώνει στο σαλόνι.	
Ο Μάνος πλένει τα πιάτα.	
Ο Μάνος μαγειρεύει.	

2 Τι βλέπεις στην εικόνα; Απαντάς στις ερωτήσεις.

Πού είναι τα παιδιά;
_____

Τι φοράνε και τι κάνουν;
_____

Σου αρέσει το θέατρο; Γιατί;
_____
_____
_____

Παραγωγή Προφορικού Λόγου

3 Ακούς τον διάλογο και συμπληρώνεις τα κενά.

(cd 2, 26)

Δημήτρης: Γεια σου, Ήβη! Γεια σου, Γιάννη! Φέτος πηγαίνετε στο ωδείο;
Ήβη: Ναι, εγώ πηγαίνω. ⁰ _Κάνω βιολί_.
Γιάννης: Κι εγώ πηγαίνω. Κάνω, όμως, πιάνο.
Δημήτρης: Α! Ωραία! Εγώ κάνω κιθάρα. ¹_____ πηγαίνετε;
Ήβη: Εγώ ²_____ κάθε Τρίτη και Πέμπτη.
Γιάννης: Εγώ πηγαίνω πιάνο μόνο κάθε Σάββατο.
Δημήτρης: Κι εγώ σαν κι ³_____ Ήβη. Δύο φορές, Τρίτη και Πέμπτη.
Ήβη: Αλήθεια; ⁴_____ πηγαίνεις, Δημήτρη;
Δημήτρης: Και τις δύο μέρες, 8 με 9 το βράδυ.
Ήβη: Α... εγώ πηγαίνω άλλες ώρες, 5-6. Εσύ, Γιάννη;
Γιάννης: Εγώ, παιδιά, πηγαίνω Σάββατο πρωί.
Ήβη: Σε ποια ⁵_____ πηγαίνεις, Γιάννη;
Γιάννης: Στη «Μελωδία». Εσύ, Ήβη;
Ήβη: Στο «Μουσικό Σχολείο». Δημήτρη;
Δημήτρης: Κι εγώ στο «Μουσικό Σχολείο». ⁶_____;
Ήβη: 50 ευρώ τον μήνα. Εσύ;
Δημήτρης: Κι εγώ ⁷_____ νομίζω.
Γιάννης: Εγώ 35 ευρώ...
Δημήτρης: Τόσο λίγα, Γιάννη;
Γιάννης: Δεν είναι λίγα. Μόνο μια φορά πηγαίνω.

4 Γίνεστε ζευγάρια και παίζετε το παιχνίδι ρόλων.

Α΄ ρόλος

Στο ωδείο

Σου αρέσει ένα μουσικό όργανο. Πηγαίνεις στο ωδείο και ζητάς πληροφορίες για τα μαθήματα από τη γραμματέα.

Β΄ ρόλος

Στο ωδείο

Είσαι γραμματέας σε ένα ωδείο. Ένας μαθητής/ μια μαθήτρια έρχεται και ζητάει πληροφορίες για τα μαθήματα. Δίνεις τις πληροφορίες.

Παραγωγή Γραπτού Λόγου

1 Βλέπεις τις εικόνες και συμπληρώνεις τα κενά με τις παρακάτω λέξεις.

δάσκαλοι, πηγαίνεις, γήπεδο, <u>μουσικό όργανο</u>, εγγραφές, ωδείο

Μουσικά όργανα: κιθάρα, μπουζούκι, πιάνο, βιολί
Μαθήματα 2 φορές την εβδομάδα
Τιμή: 20 ευρώ τον μήνα.

εγγραφές 1-20/9

Ποδόσφαιρο, μπάσκετ, τένις για όλες τις ηλικίες.
Μαθήματα κάθε απόγευμα 6-8
Τιμή: 20 ευρώ τον μήνα.

Γεια σου, Κώστα,
Τι κάνεις; Το καλοκαίρι τελείωσε. Σε λίγες μέρες γυρίζουμε από τις διακοπές και αρχίζουν τα σχολεία. Φέτος θα ξεκινήσω ένα ⁰ <u>μουσικό όργανο</u> και ένα άθλημα.
   Θα πάω στο ¹ _____ που είναι στη γειτονιά μου. Θέλω, όμως, λίγες πληροφορίες. Εσύ πηγαίνεις εκεί από πέρυσι. Τι όργανο κάνεις; Οι ² _____ είναι καλοί; Πόσες φορές την εβδομάδα ³ _____; Πότε ξεκινούν οι ⁴ _____;
   Για το άθλημα είμαι σίγουρος. Θα κάνω μπάσκετ στο ⁵ _____. Είναι στη γειτονιά μας. Θα έρθεις μαζί μου;
Περιμένω την απάντησή σου.
Πέτρος

2 Γράφεις ένα γράμμα στον φίλο σου, δίνεις τις πληροφορίες για το ωδείο και ζητάς πληροφορίες για το άθλημα. Οι εικόνες από την άσκηση 1 θα σε βοηθήσουν.

_____

Θυμάσαι;

1 Βρίσκεις τη λέξη που δεν ταιριάζει και τη ζωγραφίζεις.

- δάσος / λύκος / αρκούδα / κότα
- μουσικό όργανο / μπουζούκι / κορδέλα / κιθάρα
- σφουγγαρίζω / κουβάς / σφουγγαρίστρα / σκούπα
- άθλημα / τένις / σφυρίχτρα / μπάσκετ

2 Τι κάνεις με τα αντικείμενα; Συμπληρώνεις το σταυρόλεξο και κάνεις μια ιστορία με τις λέξεις.

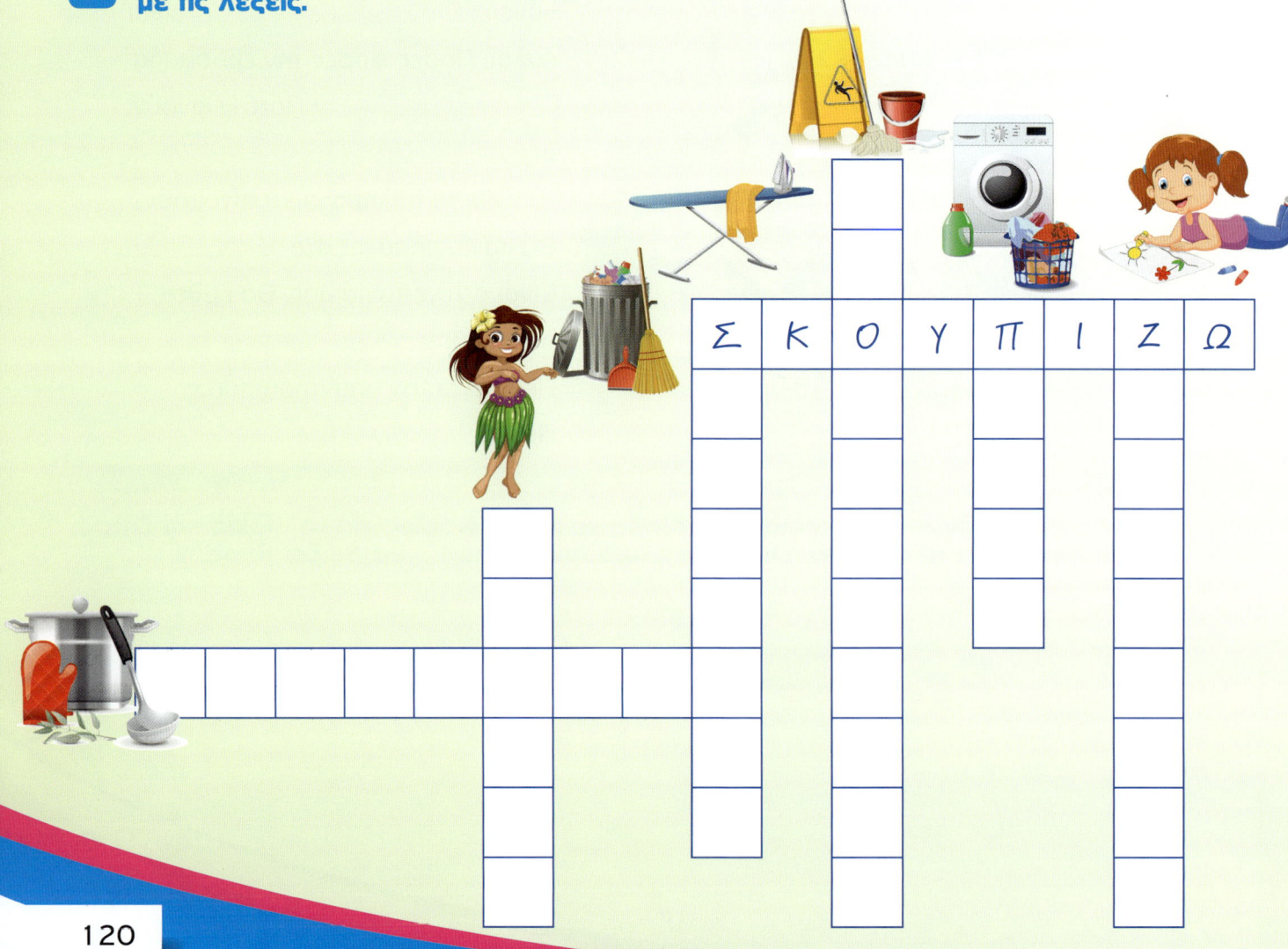

Σ Κ Ο Υ Π Ι Ζ Ω

3 Συμπληρώνεις τα κενά.

0. Ο μπαμπάς δεν είναι εδώ. _Έβγαλε_ (βγάζω) τον σκύλο βόλτα.

1. Έχει κρύο. Ποιος _____ (ανοίγω) το παράθυρο;

2. - Πώς περάσατε στην εκδρομή;
   - _____ (χορεύω) και _____ (τραγουδώ).

3. Μαρία, τι ώρα _____ (ξυπνώ) χθες το πρωί;

4. Η Μαρία χθες _____ (βοηθώ) τη μαμά της στις δουλειές για το πάρτι.

5. Ο Μιχάλης δεν _____ (έρχομαι) χθες στο σχολείο.

6. Το Σαββατοκύριακο περάσαμε πολύ ωραία. _____ (Πηγαίνω) εκδρομή με τη μαμά και τον μπαμπά μου.

4 Τι έκαναν χθες; Βλέπεις τις εικόνες και γράφεις.

5 Για τι μιλάει κάθε παιδί; Ενώνεις τις προτάσεις με τις εικόνες.

- Τάισέ τον.
- Τάισέ τες.
- Θα τα πλύνω.
- Θα την πλύνω.
- Θα το πλύνω.

6 Συμπληρώνεις τα κενά.

0. Η μαμά πλένει τα πιάτα και η Ελένη _τα_ βάζει στα ντουλάπια.

1. Τα κορίτσια παίζουν με τις κούκλες. _____ χτενίζουν και _____ ντύνουν.

2. Η Ελένη διαβάζει μόνη της. Ο μεγάλος της αδερφός δεν _____ βοηθάει ποτέ.

3. Η μαμά πλένει τα ρούχα και ο μπαμπάς _____ σιδερώνει.

Διαλέγεις μια από τις παρακάτω λέξεις / φράσεις και την περιγράφεις στην τάξη χωρίς να μιλήσεις.

σκουπίζω, σφουγγαρίζω, πλένω, παίζω κιθάρα, μαγειρεύω, τρέχω, κλοτσάω, πέφτω, βάζω γκολ, σφυρίχτρα, ζωγραφίζω

Θυμάσαι;

Επιτραπέζιο παιχνίδι

36 ΤΕΛΟΣ

35 Κάνεις μια πρόταση με τη λέξη

34 Πηγαίνεις πάλι στην αρχή.

33 Κάνεις μια πρόταση με τη λέξη

32

19 Κάνεις μια πρόταση με τη λέξη

20 Πηγαίνεις δύο βήματα πίσω.

21 Κάνεις μια πρόταση με τη λέξη

22 Σου αρέσει το θέατρο;

23

18 Πηγαίνεις δύο βήματα μπροστά.

17 Κάνεις μια πρόταση με τη λέξη

16 Σου αρέσει η γυμναστική; Γιατί;

15 Κάνεις μια πρόταση με τη λέξη

1 ΑΡΧΗ

2 Βοηθάς τη μαμά σου στις δουλειές;

3 Κάνεις μια πρόταση με τη λέξη

4 Ποιες δουλειές κάνεις στο σπίτι;

5

31 Κάνεις μια πρόταση με τη λέξη	30 Ποιο ζώο σου αρέσει; Γιατί;	29 Κάνεις μια πρόταση με τη λέξη	Σου αρέσει ο κινηματογράφος; 28
24 Πηγαίνεις δύο βήματα μπροστά.	25 Κάνεις μια πρόταση με τη λέξη	Πηγαίνεις δύο βήματα πίσω. 26	27 Κάνεις μια πρόταση με τη λέξη
13 Κάνεις μια πρόταση με τη λέξη	Τι ομάδα είσαι; 12	11 Κάνεις μια πρόταση με τη λέξη	Ποιο άθλημα σου αρέσει; Γιατί; 10
Τι δραστηριότητες κάνεις κάθε μέρα; 6	Κάνεις μια πρόταση με τη λέξη 7	8 Ξέρεις κάποιο μουσικό όργανο; Ποιο;	Κάνεις μια πρόταση με τη λέξη 9

Ενότητα 30

Ένα μήλο την ημέρα...

Πού είναι τα παιδιά; Τι βλέπεις στις εικόνες;

1 Διαβάζεις τους διαλόγους και ενώνεις τις προτάσεις.

Τα παιδιά είναι με τον δάσκαλό τους στη λαϊκή αγορά.

- Τι ωραία είναι η λαϊκή αγορά! Εδώ πουλάνε φρούτα και λαχανικά, όπως στα μανάβικα.
- Αυτός ο μανάβης έχει πατάτες, καρότα και κρεμμύδια.
- Έχει και ντομάτες και αγγούρια. Η μαμά κάνει ωραία χωριάτικη σαλάτα με ντομάτες και αγγούρια.
- Δείτε παιδιά! Εδώ πουλάνε μήλα, αχλάδια και πορτοκάλια.
- Εδώ τα καλά καρπούζια!!! Νόστιμα και γλυκά!!!
- Αυτά τι είναι;
- Μα, καλά, δεν ξέρεις τις πιπεριές;
- Το καλοκαίρι έχει ωραία καρπούζια. Α, να και πεπόνια και σταφύλια!
- Τις πιπεριές μπορούμε να τις μαγειρέψουμε ή να τις κόψουμε στη σαλάτα.

	ΠΡΩΤΟΣ ΠΙΝΑΚΑΣ	ΔΕΥΤΕΡΟΣ ΠΙΝΑΚΑΣ	
0.	Τα παιδιά είναι...	καλοκαιρινό φρούτο.	
1.	Στη λαϊκή αγορά αγοράζουμε...	με ντομάτα και αγγούρι.	
2.	Κάνουμε σαλάτα...	φρούτα και λαχανικά.	
3.	Το καρπούζι είναι...	στη λαϊκή αγορά.	0
4.	Τρώμε τις πιπεριές...	στο φαγητό ή στη σαλάτα.	

2 Έχετε λαϊκή αγορά στη χώρα σου; Τι πουλάνε εκεί; Τρως φρούτα; Ποια φρούτα σου αρέσουν;

3 Τι χρώμα είναι; Ενώνεις τα φρούτα και τα λαχανικά με τα χρώματα και βάφεις.

λάχανο
ντομάτες
αγγούρια
μπανάνες
πατάτες
καρότα
κρεμμύδια
πιπεριές
μήλα
πορτοκάλια
λεμόνια
καρπούζι
αχλάδια
πεπόνι
σταφύλια
φράουλες

4 Γράφεις κάτω από τη σωστή εποχή τα φρούτα και τα λαχανικά από την άσκηση 3.

Άνοιξη	Καλοκαίρι	Φθινόπωρο	Χειμώνας

125

5 Γίνεστε ζευγάρια, βρίσκετε τις κρυμμένες λέξεις και ενώνετε με τις εικόνες.

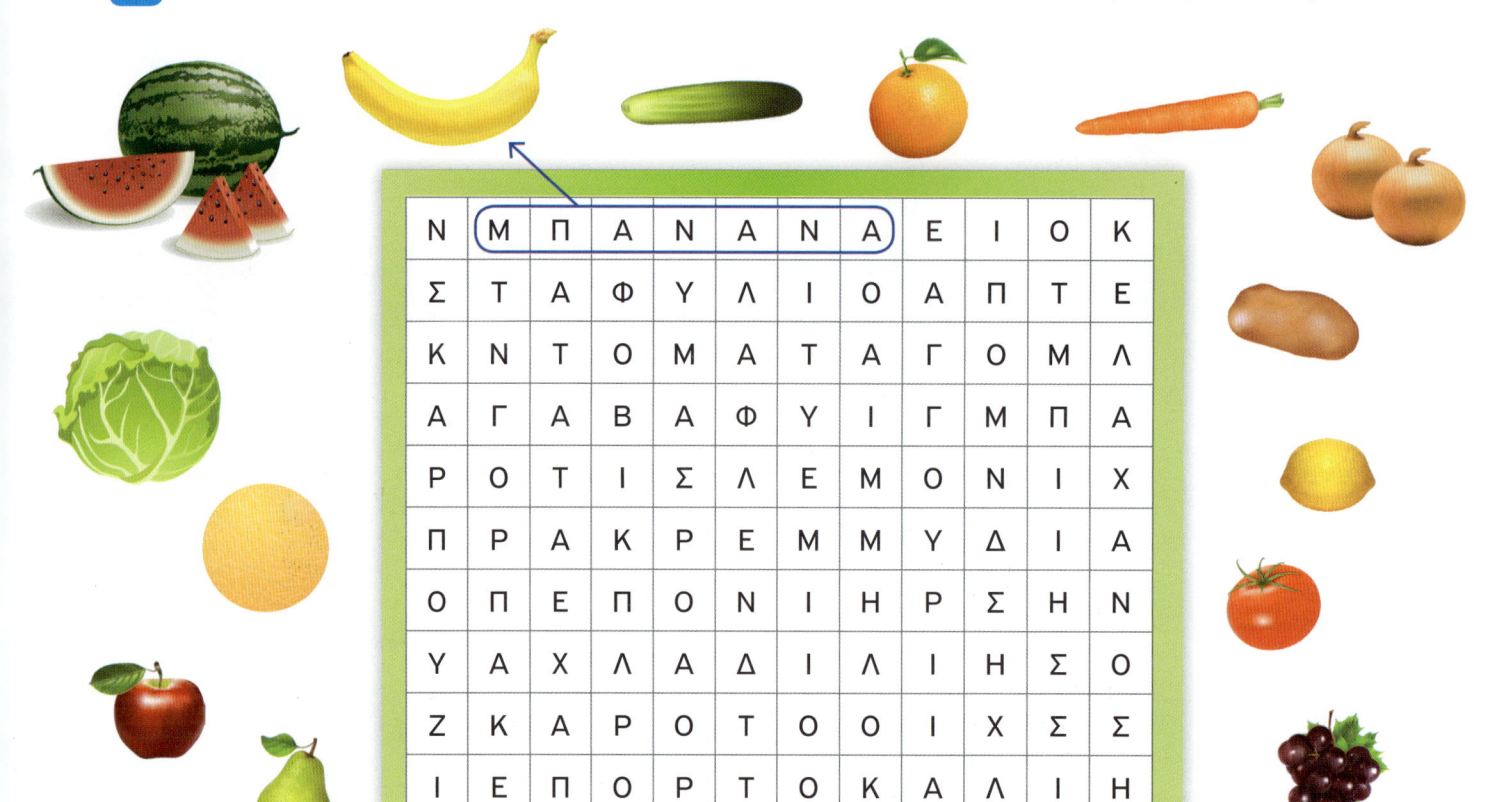

Ν	Μ	Π	Α	Ν	Α	Ν	Α	Ε	Ι	Ο	Κ
Σ	Τ	Α	Φ	Υ	Λ	Ι	Ο	Α	Π	Τ	Ε
Κ	Ν	Τ	Ο	Μ	Α	Τ	Α	Γ	Ο	Μ	Λ
Α	Γ	Α	Β	Α	Φ	Υ	Ι	Γ	Μ	Π	Α
Ρ	Ο	Τ	Ι	Σ	Λ	Ε	Μ	Ο	Ν	Ι	Χ
Π	Ρ	Α	Κ	Ρ	Ε	Μ	Μ	Υ	Δ	Ι	Α
Ο	Π	Ε	Π	Ο	Ν	Ι	Η	Ρ	Σ	Η	Ν
Υ	Α	Χ	Λ	Α	Δ	Ι	Λ	Ι	Η	Σ	Ο
Ζ	Κ	Α	Ρ	Ο	Τ	Ο	Ο	Ι	Χ	Σ	Σ
Ι	Ε	Π	Ο	Ρ	Τ	Ο	Κ	Α	Λ	Ι	Η

6 Βλέπεις τα παρακάτω φαγητά και γράφεις τα υλικά.

λάχανο, καρότο

7 Ξέρεις τη φράση «Ένα μήλο την ημέρα τον γιατρό τον κάνει πέρα»; Εσύ τρως φρούτα; Ποια φρούτα σου αρέσουν πιο πολύ;

8 Τι αγοράζουν τα παιδιά; Τι θέλουν να αγοράσουν; Κάνεις τον λαβύρινθο, βρίσκεις τις απαντήσεις και γράφεις τις προτάσεις.

1. Η Έλενα αγοράζει μήλα. Θέλει να αγοράσει και _____.

2. Ο Πέτρος και ο Λεωνίδας _____.

3. Ο Βαγγέλης _____.

4. Η Τατιάνα και η Ανθή _____.

Ενότητα 30

	θέλω, μπορώ, πρέπει, λέω
ακ**ού**ω	**να** ακ**ού**σω
διαβά**ζ**ω	**να** διαβά**σ**ω
πληρώ**ν**ω	**να** πληρώ**σ**ω
παί**ζ**ω	**να** παί**ξ**ω
ανοί**γ**ω	**να** ανοί**ξ**ω
προσέ**χ**ω	**να** προσέ**ξ**ω
ψά**χν**ω	**να** ψά**ξ**ω
χορε**ύ**ω	**να** χορέ**ψ**ω
γρά**φ**ω	**να** γρά**ψ**ω
μι**λάω (-ώ)** (απαντώ, βοηθώ, ξυπνώ, περπατώ, ρωτώ, σταματώ, αργώ, τηλεφωνώ)	**να** μι**λήσ**ω
γε**λάω (-ώ)** (διψάω, πεινάω, περνώ, ξεχνώ)	**να** γε**λάσ**ω
φο**ράω (-ώ)** (πονάω, καλώ, μπορώ)	**να** φο**ρέσ**ω

εγώ		να αγοράσ**ω**
εσύ	**θέλω**	να αγοράσ**εις**
αυτός/αυτή/αυτό	**μπορώ**	να αγοράσ**ει**
εμείς	**λέω**	να αγοράσ**ουμε**
εσείς	**πρέπει**	να αγοράσ**ετε**
αυτοί/αυτές/αυτά		να αγοράσ**ουν(ε)**

9 Τι θέλω να κάνω; Γίνεστε ζευγάρια, ακολουθείτε τη σωστή διαδρομή και βγαίνετε από τον λαβύρινθο.

Παράδειγμα: Θέλω να ακούσω, θέλω να ...

ακούσω	σταμάτησα	παίξω	βοηθήσω	θα γελάσω
πληρώσω	διαβάσω	πλήρωσα	διάβασα	πεινάσω
θα καλέσω	χορέψω	γράψω	περπάτησε	θα τηλεφωνήσω
χορέψω	άνοιξα	μιλήσω	προσέξω	ανοίξω
ρώτησα	θα ξυπνήσω	απαντήσω	ξύπνησα	γράψω
φορέσω	έγραψα	μίλησα	έψαξα	πληρώσω

10 Συμπληρώνεις τα κενά.

0. Μαμά, μπορείς __να αγοράσεις__ (αγοράζω) φράουλες; Μου αρέσουν πολύ.

1. Θέλω _____ (ακούω) μουσική.

2. Θέλεις _____ (παίζω) μαζί μου;

3. Κάνει πολύ κρύο. Μπορείς _____ (κλείνω) το παράθυρο;

4. Αύριο η Μαίρη θα γράψει διαγώνισμα. Πρέπει _____ (διαβάζω) πολύ καλά.

5. Μπορώ _____ (απαντήσω) στην ερώτησή σου;

6. Λέω _____ (τηλεφωνώ) στη Μαρία.

7. Γιώργο, αύριο θα πάμε εκδρομή. Πρέπει _____ (ξυπνάω) πολύ νωρίς.

8. Στο πάρτι μου θέλω _____ (φοράω) το κόκκινο πουκάμισό μου.

11 Τι πρέπει να κάνω; Βλέπεις τις εικόνες και απαντάς.

0. Χτυπάει το τηλέφωνο.
__Πρέπει να απαντήσω.__

1. Αύριο θα γράψω διαγώνισμα.
_____

2. Σε δύο ώρες φεύγουμε διακοπές.
_____

3. Είναι 8 το πρωί.
_____

12 Ρωτάς τη μαμά σου...

0. Παίζω στην αυλή.   *Μαμά, μπορώ να παίξω στην αυλή;*

1. Αγοράζω μπανάνες.   _____

2. Τηλεφωνώ στον φίλο μου.   _____

3. Ανοίγω το παράθυρο.   _____

4. Διαβάζω ένα παραμύθι.   _____

5. Φοράω το άσπρο φόρεμα.   _____

13 Αύριο δεν έχετε σχολείο. Γίνεστε ζευγάρια και γράφετε τι θέλετε να κάνετε. Χρησιμοποιείτε τις παρακάτω λέξεις.

> τηλεφωνώ, παίζω, διαβάζω, ακούω, ξυπνάω, αγοράζω

Αύριο θέλω να παίξω με τους φίλους μου.

14 Τι πρέπει να αγοράσει ο Γιώργος;
Ακούς τον διάλογο και βάζεις ✓ στις σωστές εικόνες.

(cd 2, 27)

Τι βλέπεις στις εικόνες; Ξέρεις τις λέξεις;

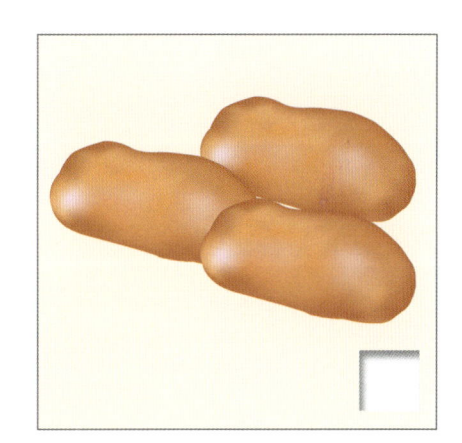

15 Τι αγοράζετε εσύ και η μαμά σου από τον μανάβη;

Ενότητα 30

Ενότητα 31

Τι θα φάμε σήμερα, μαμά;

Διαβάζεις τις ερωτήσεις. Για τι μιλάει το κείμενο;

1 Διαβάζεις το κείμενο και βάζεις σε κύκλο το σωστό.

Βασίλη μου,

Πάω την Αγγελική στον χορό. Θα λείψω για 2-3 ώρες.
Σας παρακαλώ, πάτε με τον μπαμπά για ψώνια στο σούπερ μάρκετ. Πάνω στο τραπέζι είναι η λίστα με τα ψώνια. Πάτε και στο κρεοπωλείο. Θέλω 1 κιλό κιμά. Το βράδυ θα μαγειρέψω μπιφτέκια με πατάτες στον φούρνο. Πάρτε και 1 κοτόπουλο και λίγες μπριζόλες. Αύριο το μεσημέρι θέλω να καλέσω τον παππού και τη γιαγιά για φαγητό. Α, περάστε και από τον φούρνο και πάρτε και ένα ψωμί.

Φιλιά,
Η μαμά

Σούπερ μάρκετ
1 γάλα
2 γιαούρτια
10 αβγά
αλεύρι
μακαρόνια
ζάχαρη
μέλι
αλάτι
αναψυκτικά

0. Η μαμά θα λείψει από το σπίτι
   α. όλη τη μέρα.
   β. όλο το απόγευμα.
   (γ.) για λίγες ώρες.

1. Ο Βασίλης θα πάει για ψώνια
   α. με την Αγγελική.
   β. με τον μπαμπά του.
   γ. με τη γιαγιά και τον παππού του.

2. Ο Βασίλης θα ψωνίσει
   α. από το σούπερ μάρκετ, το μανάβικο και τον φούρνο.
   β. από το μανάβικο, τον φούρνο και το κρεοπωλείο.
   γ. από το σούπερ μάρκετ, το κρεοπωλείο και τον φούρνο.

3. Το βράδυ η μαμά θα μαγειρέψει
   α. κοτόπουλο.
   β. μακαρόνια.
   γ. μπιφτέκια.

4. Αύριο ο Βασίλης θα φάει μαζί
   α. με τους φίλους του.
   β. με όλη την οικογένειά του.
   γ. με τον μπαμπά του.

2 Εσύ βοηθάς τη μαμά σου στα ψώνια για το σπίτι; Σε ποια μαγαζιά πηγαίνεις; Τι αγοράζεις;

3 Τι θα ψωνίσει ο Βασίλης με τον μπαμπά του; Διαβάζεις ξανά το κείμενο στη σελίδα 132 και βάζεις ✓ στα ψώνια.

Σούπερ μάρκετ

✓ γάλα	☐ τυρί	☐ βούτυρο
☐ γιαούρτι	☐ αβγά	☐ ελιές
☐ αλεύρι	☐ μακαρόνια	☐ ρύζι
☐ αλάτι	☐ πιπέρι	☐ ζάχαρη
☐ λάδι	☐ μέλι	☐ χυμός
☐ πορτοκαλάδα	☐ λεμονάδα	

Κρεοπωλείο

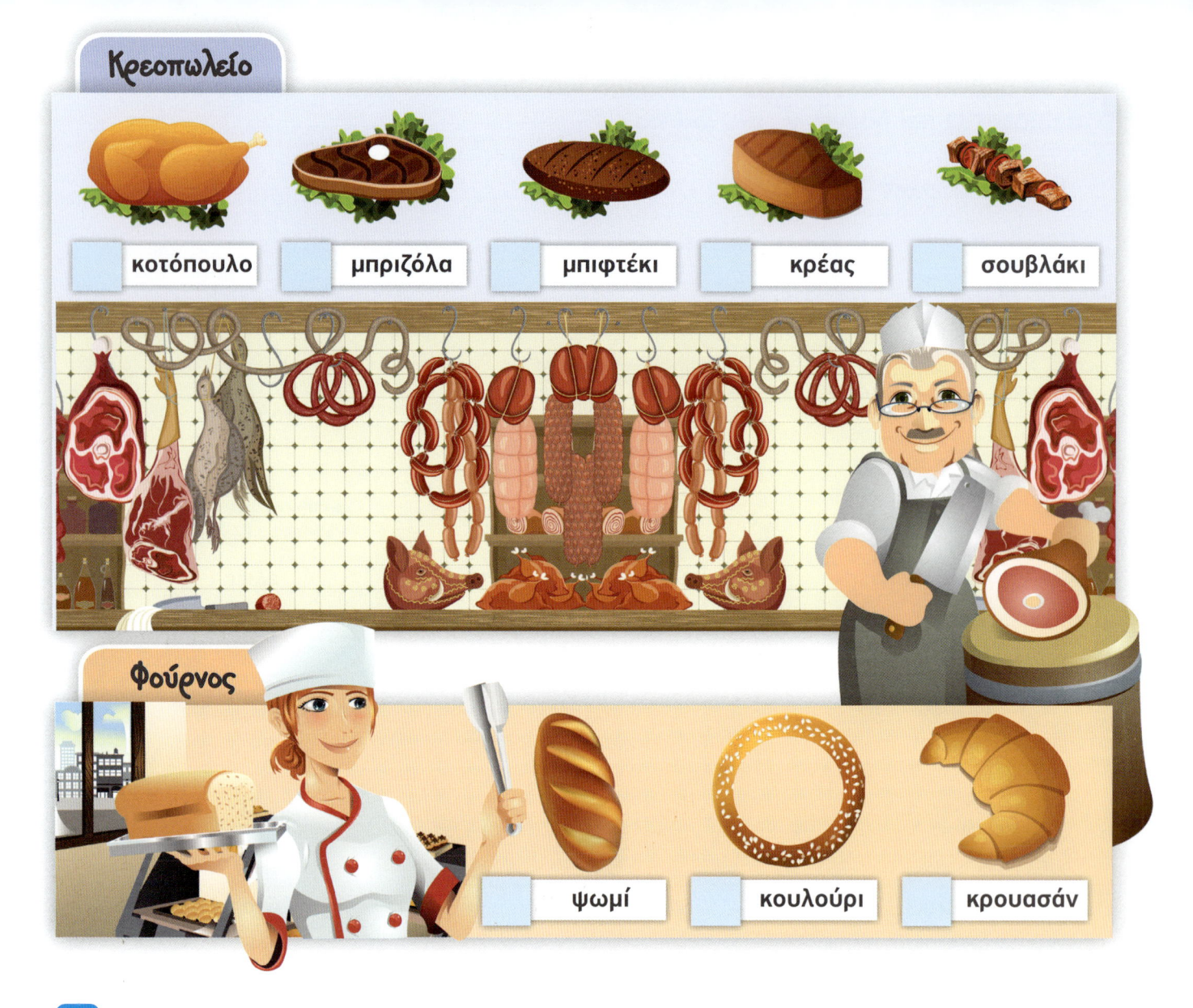

☐ κοτόπουλο ☐ μπριζόλα ☐ μπιφτέκι ☐ κρέας ☐ σουβλάκι

Φούρνος

☐ ψωμί ☐ κουλούρι ☐ κρουασάν

4 Βάζεις στο σωστό σημείο τα ψώνια από την άσκηση 3.

γάλα

αλεύρι

5 Γίνεστε ζευγάρια, βρίσκετε τις κρυμμένες λέξεις και ενώνετε με τις εικόνες.

Α	Γ	Ι	Α	Ο	Υ	Ρ	Τ	Ι	Σ	Χ
Κ	Π	Α	Β	Γ	Ο	Ι	Ρ	Υ	Λ	Ο
Ο	Τ	Λ	Ε	Μ	Ο	Ν	Α	Δ	Α	Ζ
Τ	Γ	Α	Λ	Α	Σ	Α	Λ	Ε	Δ	Α
Ο	Β	Τ	Ι	Κ	Α	Μ	Ε	Λ	Ι	Χ
Π	Ο	Ι	Α	Α	Υ	Ρ	Υ	Ζ	Ι	Α
Ο	Υ	Γ	Ε	Ρ	Τ	Υ	Ρ	Ι	Β	Ρ
Υ	Τ	Β	Ι	Ο	Ο	Λ	Ι	Η	Τ	Η
Λ	Υ	Λ	Ε	Ν	Ι	Χ	Υ	Μ	Ο	Σ
Ο	Ρ	Μ	Π	Ι	Φ	Τ	Ε	Κ	Ι	Ψ
Η	Ο	Τ	Ε	Α	Π	Ι	Π	Ε	Ρ	Ι

6 Βλέπεις τα φαγητά και γράφεις τα υλικά τους.

πιπεριές, ρύζι

7 Γίνεστε ζευγάρια και κάνετε διαλόγους, όπως στο παράδειγμα.

Τι τρως το πρωί;

Το πρωί πίνω γάλα και τρώω ένα κουλούρι.

8 Τι τρώνε και πίνουν τα παιδιά; Τι θέλουν να φάνε και τι θέλουν να πιουν; Κάνεις τον λαβύρινθο, βρίσκεις τις απαντήσεις και συμπληρώνεις τις προτάσεις.

1. Η Έλενα τρώει μακαρόνια. Θέλει να πιει _____.
2. Ο Πέτρος και ο Λεωνίδας _____.
3. Ο Βαγγέλης _____.
4. Η Τατιάνα και η Ανθή _____.

	θέλω, μπορώ, λέω, πρέπει
βάζω	να βάλω
βγάζω	να βγάλω
δίνω	να δώσω
έρχομαι	να έρθω
καταλαβαίνω	να καταλάβω
μαθαίνω	να μάθω
παίρνω	να πάρω
πλένω	να πλύνω
φεύγω	να φύγω
έχω	να έχω
κάνω	να κάνω
είμαι	να είμαι
πηγαίνω	να πάω
τρώω	να φάω
βλέπω	να δω
λέω	να πω
μπαίνω	να μπω
πίνω	να πιω

εγώ		να δώσω	να είμαι	να φάω	να πιω
εσύ	θέλω	να δώσεις	να είσαι	να φας	να πιεις
αυτός/αυτή/αυτό	μπορώ	να δώσει	να είναι	να φάει	να πιει
εμείς	λέω	να δώσουμε	να είμαστε	να φάμε	να πιούμε
εσείς	πρέπει	να δώσετε	να είστε	να φάτε	να πιείτε
αυτοί/αυτές/αυτά		να δώσουν(ε)	να είναι	να φάνε/φαν	να πιούνε/πιουν

9. Τι θέλω να κάνω; Γίνεστε ζευγάρια, ακολουθείτε τη σωστή διαδρομή και βγαίνετε από τον λαβύρινθο.

Παράδειγμα: Θέλω να δω, θέλω να ...

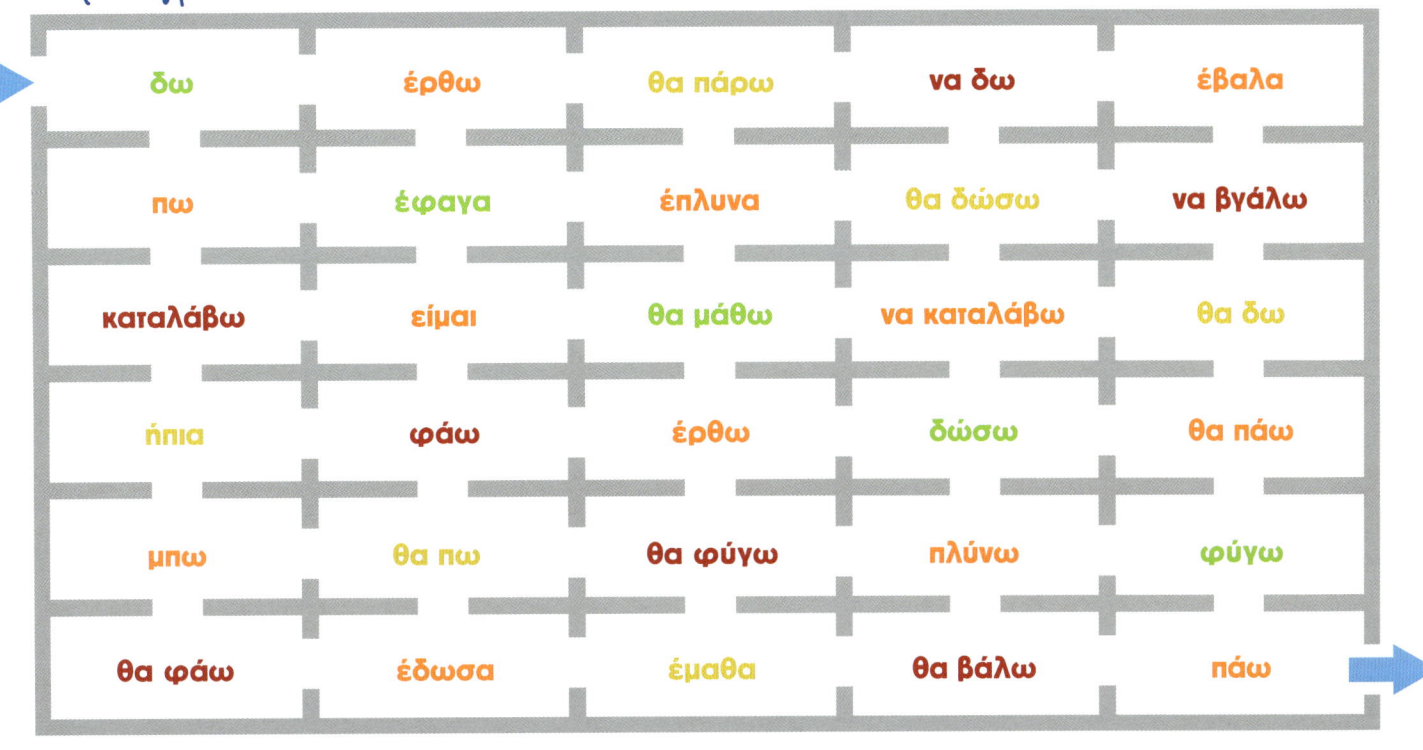

δω	έρθω	θα πάρω	να δω	έβαλα
πω	έφαγα	έπλυνα	θα δώσω	να βγάλω
καταλάβω	είμαι	θα μάθω	να καταλάβω	θα δω
ήπια	φάω	έρθω	δώσω	θα πάω
μπω	θα πω	θα φύγω	πλύνω	φύγω
θα φάω	έδωσα	έμαθα	θα βάλω	πάω

10. Συμπληρώνεις τα κενά.

0. Γιώργο, θέλεις ___να έρθεις___ (έρχομαι) στον κινηματογράφο;

1. Μπορείς _____ (καταλαβαίνω) την άσκηση;

2. Θέλω _____ (βλέπω) τον αγώνα μπάσκετ.

3. Θέλεις _____ (πίνω) έναν χυμό;

4. Δεν μου αρέσουν τα μακαρόνια. Θέλω _____ (τρώω) μπιφτέκι με πατάτες.

5. Η Κατερίνα πρέπει _____ (φεύγω) στις 8.

6. Δεν θέλω _____ (δίνω) τη σβήστρα μου.

7. Θέλεις _____ (λέω) ένα τραγούδι;

8. Πονάει το κεφάλι μου. Πρέπει _____ (πηγαίνω) στον γιατρό.

11. Τι θέλω να κάνω; Βλέπεις τις εικόνες και απαντάς.

0. Πεινάω πολύ. _Θέλω να φάω._

1. Στις 6 έχει παιδική ταινία. _____

2. Διψάω. _____

3. Οι φίλοι μου είναι στο πάρκο. _____

12 Ρωτάς τη μαμά σου...

0. Τρώω ένα γιαούρτι. *Μαμά, μπορώ να φάω ένα γιαούρτι;*
1. Πηγαίνω στο πάρκο.
2. Έρχεται η Μαρία στο σπίτι.
3. Πίνω πορτοκαλάδα.
4. Φεύγω αργά από το πάρτι.
5. Βλέπω τηλεόραση.

13 Αύριο είναι Σάββατο. Γίνεστε ζευγάρια και γράφετε τι θέλετε να κάνετε. Χρησιμοποιείτε τις παρακάτω λέξεις.

> πηγαίνω, τρώω, πίνω, βλέπω, παίρνω, δίνω, βγάζω

Αύριο θέλω να πάω στον κινηματογράφο με τους φίλους μου.

🎧 **14** Η Βασιλική με την οικογένειά της είναι στην ταβέρνα. Τι θα φάνε και τι θα πιουν; Ακούς τον διάλογο και βάζεις ✓ στη σωστή εικόνα για κάθε πρόσωπο.
(cd 2, 28)

Βλέπεις τις εικόνες. Μαντεύεις τι λέει ο διάλογος.

	μαμά	μπαμπάς	Ειρήνη	Βασιλική	Χαράλαμπος
				✓	

15 Εσύ τι τρως στην ταβέρνα / στο εστιατόριο;

139

Ενότητα 31

Ενότητα 32

ψώνια, ψώνια, ψώνια!

> Βλέπεις τις εικόνες. Τι κάνουν τα παιδιά;

1 Διαβάζεις τον διάλογο και βάζεις ✓ κάτω από το ΣΩΣΤΟ ή κάτω από το ΛΑΘΟΣ.

Πέτρο, σε δύο μέρες θα πάμε στην κατασκήνωση.

Ναι, ναι Στέλιο! Ετοίμασες τα πράγματά σου;

Όχι ακόμη. Ποια βαλίτσα να πάρω; Αυτή η βαλίτσα είναι καινούρια, αλλά εκείνη μου αρέσει πιο πολύ.

Δεν ξέρω. Εγώ ετοίμασα τη βαλίτσα με τα ρούχα μου, αλλά πρέπει να πάρω και άλλα πράγματα.

Δηλαδή, τι πρέπει να πάρουμε;

Ε! Δεν θα πάρουμε και όλο το σπίτι μας εκεί! Πρέπει, όμως, να πάρουμε μαξιλάρια, σεντόνια, πετσέτες και σαμπουάν.

Εγώ θα πάρω ένα σλίπινγκ μπαγκ. Θα έχει κρύο το βράδυ. Και καμιά κουβέρτα. Λες να πάρουμε και πλαστικά ποτήρια;

		ΣΩΣΤΟ	ΛΑΘΟΣ
0.	Τα παιδιά θα πάνε διακοπές.	✓	
1.	Ο Στέλιος δεν θέλει την καινούρια βαλίτσα.		
2.	Ο Πέτρος δεν ετοίμασε τη βαλίτσα με τα ρούχα του.		
3.	Ο Πέτρος θα πάρει και σλίπινγκ μπαγκ.		
4.	Ο Στέλιος δεν θα πάρει κουβέρτα.		
5.	Τα παιδιά δεν θα πάρουν μαξιλάρια.		

2 Εσύ πήγες ποτέ κατασκήνωση; Πώς πέρασες; Τι πράγματα πήρες μαζί σου;

3 Ενώνεις τα παζλ και γράφεις τις λέξεις. Ποια από τα παρακάτω πράγματα θα πάρουν τα παιδιά στην κατασκήνωση;

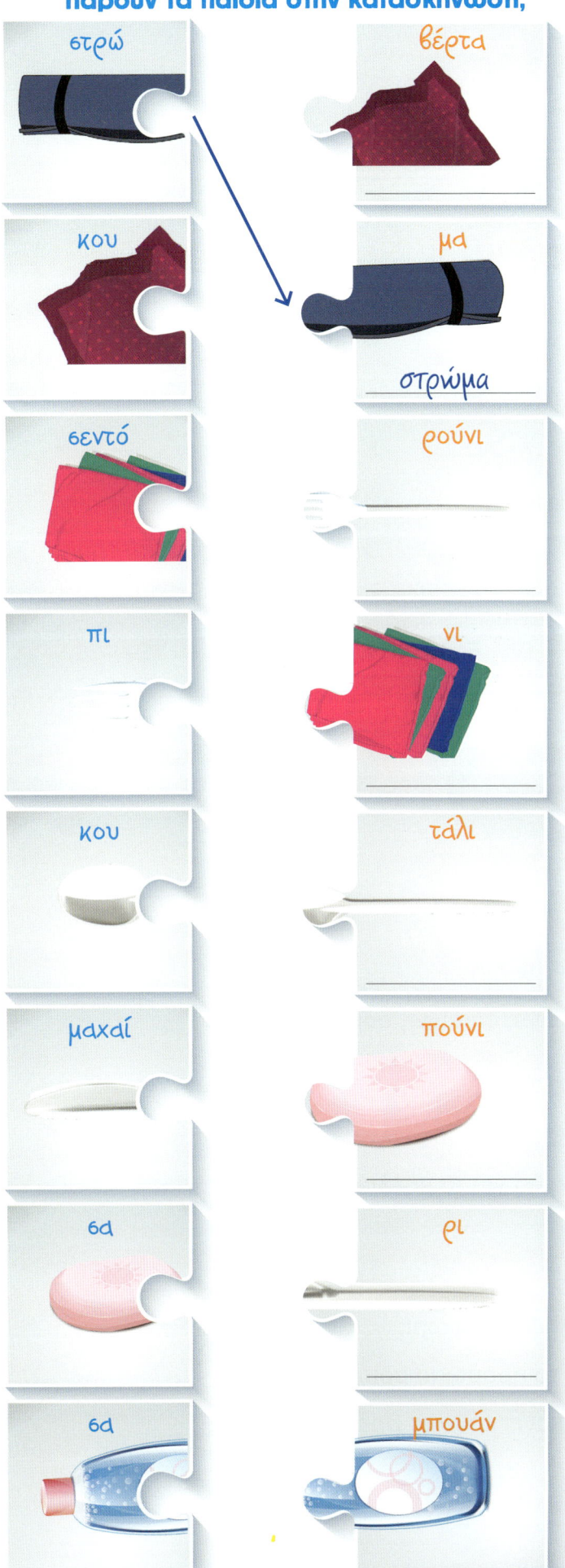

στρώ	βέρτα
κου	μα — στρώμα
σεντό	ρούνι
πι	νι
κου	τάλι
μαχαί	πούνι
σα	ρι
σα	μπουάν

4 Γράφεις τις λέξεις από την άσκηση 3 κάτω από τη σωστή στήλη.

Κρεβάτι

στρώμα

Τραπέζι

Μπάνιο

5 Γίνεστε ζευγάρια, βρίσκετε τις κρυμμένες λέξεις και ενώνετε με τις εικόνες.

Ξ	Β	Μ	Σ	Ε	Ν	Τ	Ο	Ν	Ι	Α	Σ
Υ	Μ	Α	Ξ	Ι	Λ	Α	Ρ	Ι	Σ	Φ	Ο
Π	Σ	Χ	Β	Α	Δ	Λ	Ι	Κ	Β	Ι	Δ
Ε	Α	Α	Ο	Σ	Π	Ι	Ρ	Ο	Υ	Ν	Ι
Τ	Π	Ι	Α	Τ	Ο	Γ	Η	Υ	Σ	Κ	Ρ
Σ	Ο	Ρ	Υ	Ρ	Τ	Λ	Ο	Τ	Σ	Ο	Φ
Ε	Υ	Ι	Β	Ω	Η	Θ	Υ	Α	Θ	Η	Ε
Τ	Ν	Α	Ν	Μ	Ρ	Υ	Π	Λ	Ο	Σ	Ο
Α	Ι	Ο	Β	Α	Ι	Γ	Σ	Ι	Ν	Ι	Ω
Μ	Ι	Θ	Κ	Ο	Υ	Β	Ε	Ρ	Τ	Α	Ο

6 Συμπληρώνεις τα κενά με τις παρακάτω λέξεις.

~~στρώμα~~, ποτήρι, κουβέρτα, σεντόνια, μαχαίρι, σαπούνι, σαμπουάν, πιάτα

0. Αυτό το κρεβάτι έχει πολύ μαλακό _στρώμα_.

1. Έβαλα καθαρά _____ στο κρεβάτι μου.

2. Αυτό το _____ είναι πολύ καλό για τα μαλλιά μου.

3. Πρέπει να πλύνω τα _____.

4. Πάντα πίνω νερό σε αυτό το _____.

5. Δώσε το _____. Θέλω να κόψω το ψωμί.

6. Το κόκκινο _____ είναι για το πρόσωπό μου.

7. Πάρε μια ζεστή _____. Θα κάνει κρύο το βράδυ.

142

7 Περιγράφεις την εικόνα.

143

Ενότητα 32

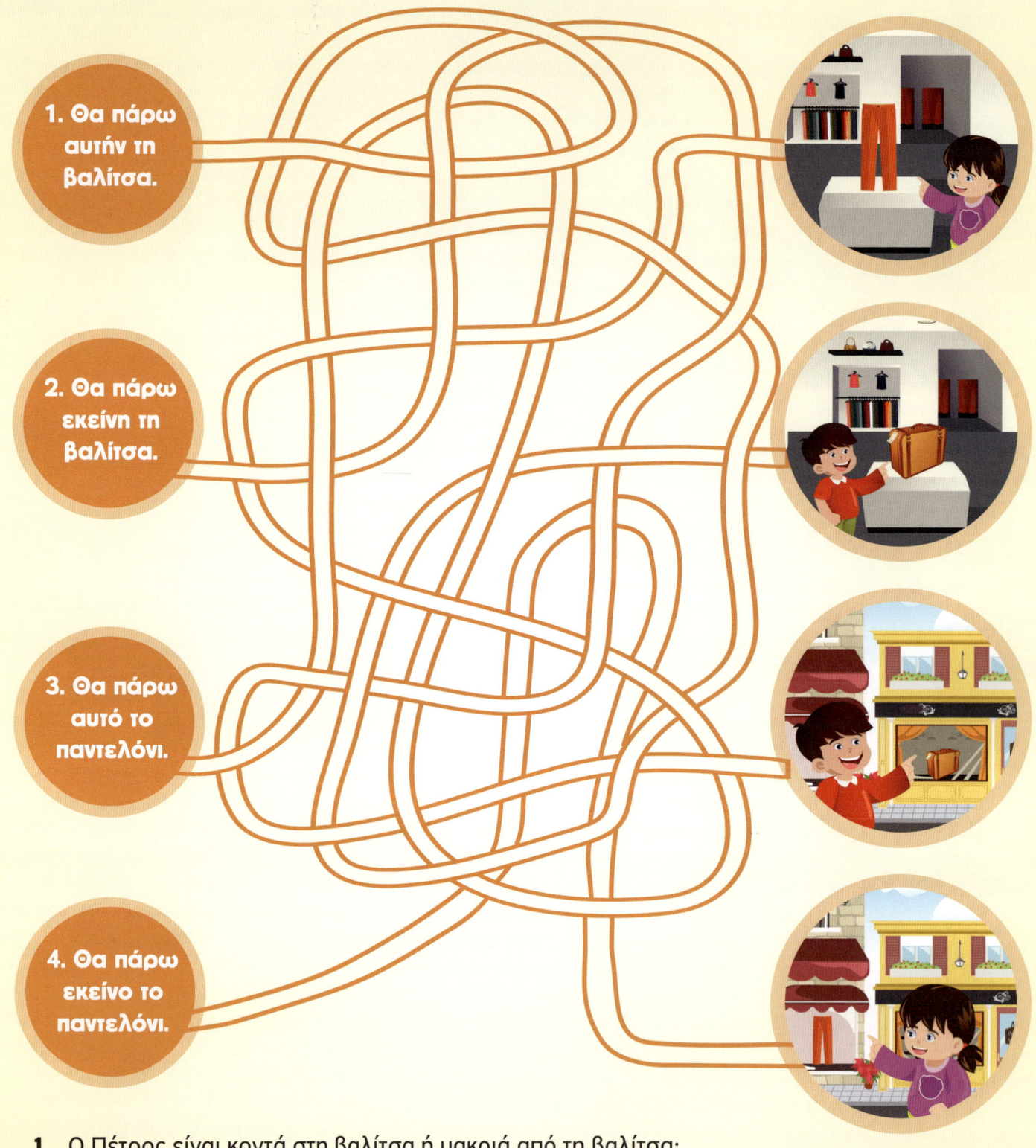

8 Κάνεις τον λαβύρινθο και απαντάς στις ερωτήσεις.

1. Θα πάρω αυτήν τη βαλίτσα.
2. Θα πάρω εκείνη τη βαλίτσα.
3. Θα πάρω αυτό το παντελόνι.
4. Θα πάρω εκείνο το παντελόνι.

1. Ο Πέτρος είναι κοντά στη βαλίτσα ή μακριά από τη βαλίτσα; _____
2. Ο Πέτρος είναι κοντά στη βαλίτσα ή μακριά από τη βαλίτσα; _____
3. Η Μαρία είναι κοντά στο παντελόνι ή μακριά από το παντελόνι; _____
4. Η Μαρία είναι κοντά στο παντελόνι ή μακριά από το παντελόνι; _____

144

9 Βάζεις σε κύκλο το σωστό.

0. **ⓐ.** Αυτό το αυτοκινητάκι είναι ακριβό.
    β. Εκείνο το αυτοκινητάκι είναι ακριβό.

1. **α.** Αυτό το φόρεμα μου αρέσει πολύ.
    β. Εκείνο το φόρεμα μου αρέσει πολύ.

2. **α.** Εκείνο το κορίτσι είναι πολύ καλό.
    β. Αυτό το κορίτσι είναι πολύ καλό.

3. **α.** Αυτή η τσάντα είναι ωραία.
    β. Εκείνη η τσάντα είναι ωραία.

4. **α.** Αυτό το ποδήλατο είναι καινούριο.
    β. Εκείνο το ποδήλατο είναι καινούριο.

145

Ενότητα 32

10 Συμπληρώνεις τα κενά με το *αυτός* ή το *εκείνος*.

0. _Εκείνα_ τα παιχνίδια είναι καινούρια.

1. Θα πάρουμε _____ τα βιβλία.

2. Θα αγοράσω _____ το φόρεμα.

3. Θα φορέσω _____ το καπέλο.

11 Ψαρεύεις το Σωστό και το Λάθος.

Σωστό — Λάθος

- Αυτή το κορίτσι είναι η Μαρία.
- Αυτό το αγόρι είναι ο Κώστας.
- Εκείνη η μπλούζα μου αρέσει πολύ.
- Αυτές οι κασετίνες είναι καινούριες.
- Εκείνος άντρας είναι ο μπαμπάς μου.
- Αυτοί τα παιχνίδια είναι ωραία.
- Εκείνες οι άνθρωποι είναι χαρούμενοι.
- Εκείνα τα παιδιά παίζουν βόλεϊ.

12 Κάνεις προτάσεις με το *αυτός* ή το *εκείνος*.

13 Η Άννα με την οικογένειά της θα πάνε στο κάμπιγκ. Τι πρέπει να πάρουν μαζί τους; Ακούς τον διάλογο και βάζεις ✓ στις σωστές εικόνες.

(cd 2, 29)

Τι βλέπεις στις εικόνες; Ξέρεις τις λέξεις;

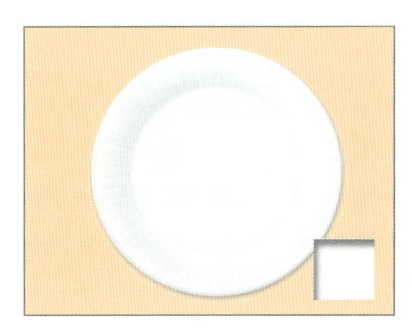

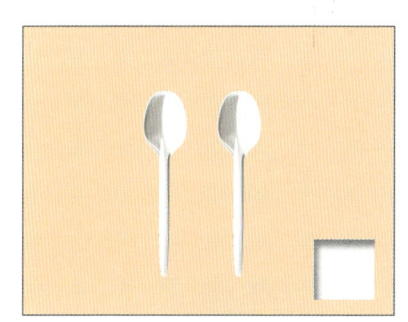

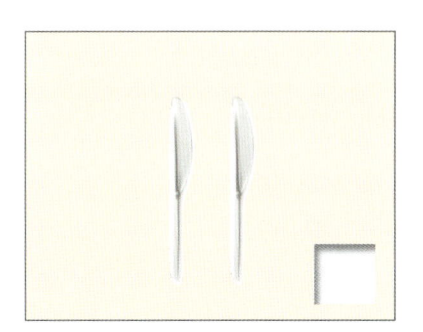

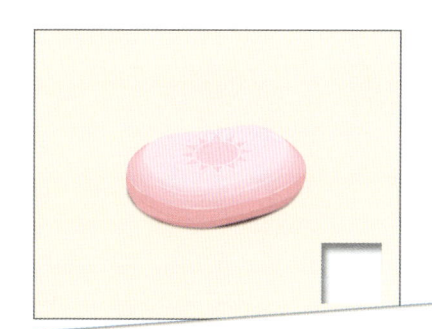

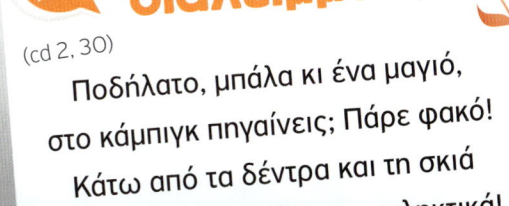

Μουσικό διάλειμμα

(cd 2, 30)

Ποδήλατο, μπάλα κι ένα μαγιό,
στο κάμπιγκ πηγαίνεις; Πάρε φακό!
Κάτω από τα δέντρα και τη σκιά
στο κάμπιγκ περνάμε καταπληκτικά!
Παλάτια στην άμμο, βουτιές στον βυθό,
στο κάμπιγκ να μείνω για πάντα μπορώ! } (4 φορές)

14 Εσύ ποια πράγματα παίρνεις μαζί σου στο κάμπιγκ;

Ενότητα 32

Ενότητα 33

Στο κυλικείο

Πού είναι τα παιδιά; Τι κάνουν;

1 Διαβάζεις τους διαλόγους και βάζεις σε κύκλο το σωστό.

— Πέτρο, είναι πολύ ωραία εδώ στην κατασκήνωση!! Ποπό! Τι πολλά παιδιά!
— Θα γνωρίσουμε πολλούς καινούριους φίλους.
— Θα περάσουμε πολύ ωραία! Παιχνίδι, κολύμπι και διασκέδαση όλη μέρα!

— Α! Δείτε έχει και κυλικείο! Εγώ πείνασα κιόλας. Πάμε;
— Πάμε. Τι έχει αυτό το κυλικείο;
— Έχει τυρόπιτες, κουλούρια, τοστ, κρουασάν, χυμούς και παγωτά. Δεν έχει μαστίχες, καραμέλες, αναψυκτικά και σοκολάτες. Α! Έχει και παιδικά περιοδικά!

— Εγώ θα αγοράσω μία τυρόπιτα. Εσείς θέλετε κάτι;
— Ναι, Μαρία, θέλω και εγώ. Αγόρασε μια τυρόπιτα και στον Στέλιο.
— Όχι, όχι, εγώ θα πάρω ένα παγωτό.

0. Τα παιδιά
 α. θα πάνε στην κατασκήνωση.
 (β.) είναι στην κατασκήνωση.
 γ. φεύγουν από την κατασκήνωση.

1. Η Μαρία θέλει
 α. να πιει κάτι.
 β. να φάει κάτι.
 γ. να διαβάσει κάτι.

2. Στο κυλικείο δεν έχει
 α. χυμούς.
 β. λεμονάδα και πορτοκαλάδα.
 γ. τυρόπιτες.

3. Στο κυλικείο έχει
 α. βιβλία.
 β. περιοδικά.
 γ. εφημερίδες.

4. Η Μαρία αγοράζει τυρόπιτα
 α. στον Πέτρο.
 β. στον Στέλιο.
 γ. και στους δύο.

2 Υπάρχει κυλικείο στο σχολείο σου; Τι αγοράζεις από εκεί;

3 Ενώνεις τα παζλ και γράφεις τις λέξεις. Ποια από τα παρακάτω έχει το κυλικείο;

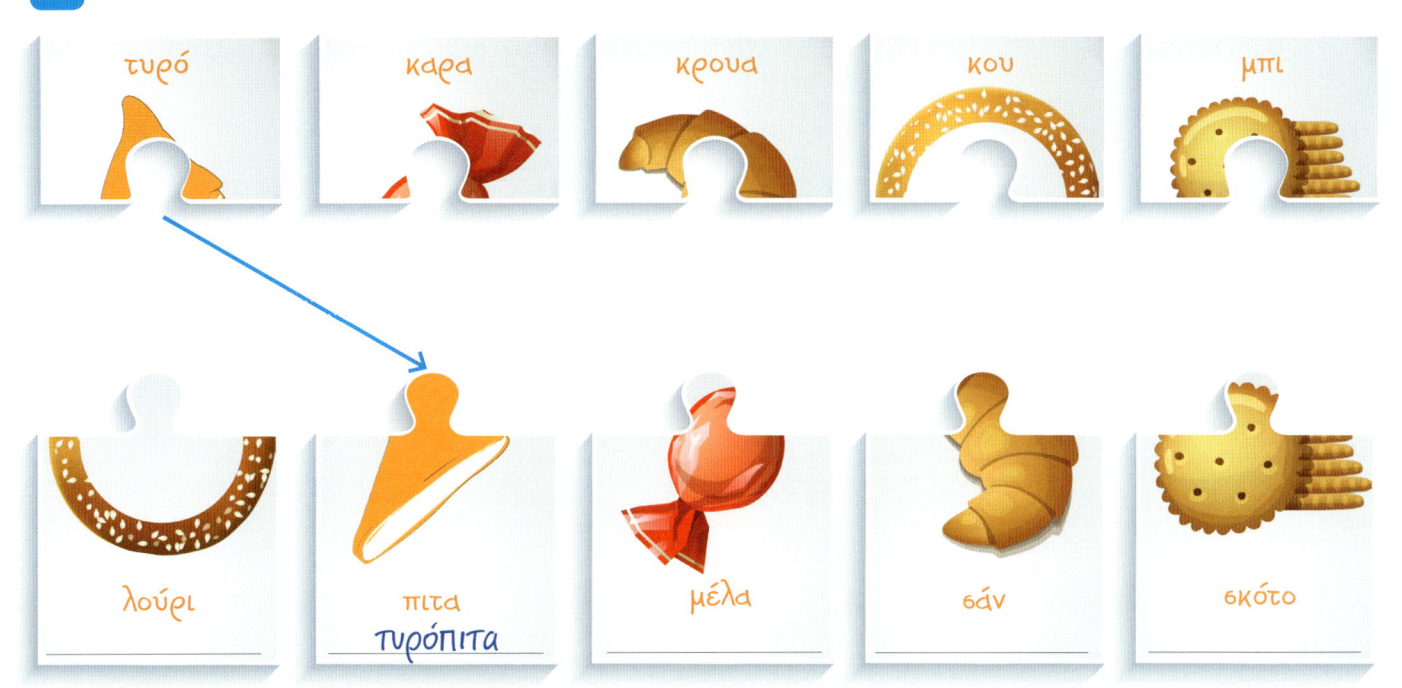

τυρό   καρα   κρουα   κου   μπι

λούρι   πιτα   μέλα   σάν   σκότο
         τυρόπιτα

4 Γίνεστε ζευγάρια, συμπληρώνετε το σταυρόλεξο και κάνετε προτάσεις με τις λέξεις.

Μου αρέσει πολύ το κρουασάν αλλά δεν τρώω κάθε μέρα.

0 ΡΥΑΝΑΚΟΣ   0 ΚΡΟΥΑΣΑΝ

3 ΚΟΜΟΣΠΙΤ

4 ΡΟΥΚΟΥΛΙ

1 ΜΑΚΕΛΑΡΑ

5 ΧΙΤΣΑΜΑ

2 ΤΟΛΑΚΟΣΑ

149

5 Συμπληρώνεις τα κενά με τις παρακάτω λέξεις.

σοκολάτα, καραμέλα, περιοδικό, μαστίχα, μπισκότο, κουλούρι, κρουασάν, ~~κυλικείο~~

0. Στο σχολείο μας δεν έχουμε _____κυλικείο_____.

1. Κάθε εβδομάδα αγοράζω και διαβάζω το _____ μου.

2. Μη μασάς έτσι τη _____ σου, κάνεις φασαρία.

3. Μετά το φαγητό θέλω πάντα να φάω μια _____!

4. Αυτή η _____ κάνει καλό στον λαιμό.

5. Αυτό το _____ έχει μέσα άσπρη σοκολάτα.

6. Το _____ είναι πιο υγιεινό από το _____, γιατί δεν έχει πολλή ζάχαρη.

6 Περιγράφεις την εικόνα.

7 Κάνεις τον λαβύρινθο και απαντάς στις ερωτήσεις.

Δημήτρης **Κατερίνα** **Θανάσης**

1. - Σε ποιον γράφει γράμμα η Ελένη;
   - Η Ελένη γράφει γράμμα _____.
2. - Σε ποιον δίνει δώρο ο κ. Κώστας;
   - Ο κ. Κώστας δίνει δώρο _____.
3. - Σε ποιον αγοράζει παγωτό ο Βασίλης;
   - Ο Βασίλης αγοράζει παγωτό _____.
4. - Σε ποιον λέει τραγούδια η κ. Άννα;
   - Η κ. Άννα λέει τραγούδια _____.

στέλνω
λέω
δίνω   κάτι   στον/στη(ν)/στο
γράφω   στους/στις/στα
διαβάζω

Ενότητα 33

8 Συμπληρώνεις τα κενά.

0. Η μαμά και ο μπαμπάς αγόρασαν _ένα ποδήλατο_ (ποδήλατο) _στην αδελφή μου_ (αδελφή) **μου**.

1. Η γιαγιά έδωσε _____ (συνταγή) _____ (μαμά) **μου**.

2. Η δασκάλα είπε _____ (τραγούδι) _____ (παιδιά).

3. Ο αδελφός μου έστειλε _____ (γράμμα) _____ (φίλος) **του**.

4. Η Μαίρη δίνει _____ (φαγητό) _____ (σκύλος) **της**.

5. Η Χριστίνα λέει ωραία _____ (τραγούδι) _____ (φίλοι) **της**.

6. Ο κ. Παντελής αγοράζει _____ (δώρα) _____ (ανιψιοί) **του**.

7. Η Ματίνα έδωσε _____ (σοκολάτα) _____ (συμμαθητής) **της**.

9 Γίνεστε ζευγάρια και κάνετε προτάσεις με τις λέξεις, όπως στο παράδειγμα.

0. γιος / πατίνι / αγοράζω
Αγοράζω πατίνι στον γιο μου.

1. δίνω / φίλη / μπισκότα
_____

2. ξάδελφος / σημείωμα / γράφω
_____

3. συνταγή / λέω / συμμαθήτρια
_____

4. μήνυμα / φίλος / γράφω
_____

5. αγοράζω / φίλοι / καραμέλες
_____

6. συμμαθητής / δίνω / μαρκαδόροι
_____

10 Ψαρεύεις το Σωστό και το Λάθος.

Σωστό

Λάθος

Η Γιώτα δίνει στην σοκολάτα τον αδελφό της.

Ο Γιώργος αγόρασε μια μπλούζα στη γυναίκα του.

Η Βασιλική είπε ένα παραμύθι στη Μιχαέλα.

Η Ειρήνη γράφει γράμμα στη γιαγιά της.

Η Ελένη έστειλε ένα δώρο στη φίλη της.

Ο Γιάννης έδωσε στο παιχνίδι του τον αδελφό του.

Η Μαρία αγόρασε κουλούρια τα παιδιά της.

Ο δάσκαλος έδωσε τετράδια παιδιά.

Ο Χαράλαμπος λέει ιστορίες στα εγγόνια του.

Ο Μιχάλης είπε στα τραγούδια στους φίλους του.

11 Γίνεστε ζευγάρια και κάνετε προτάσεις με τις παρακάτω λέξεις.

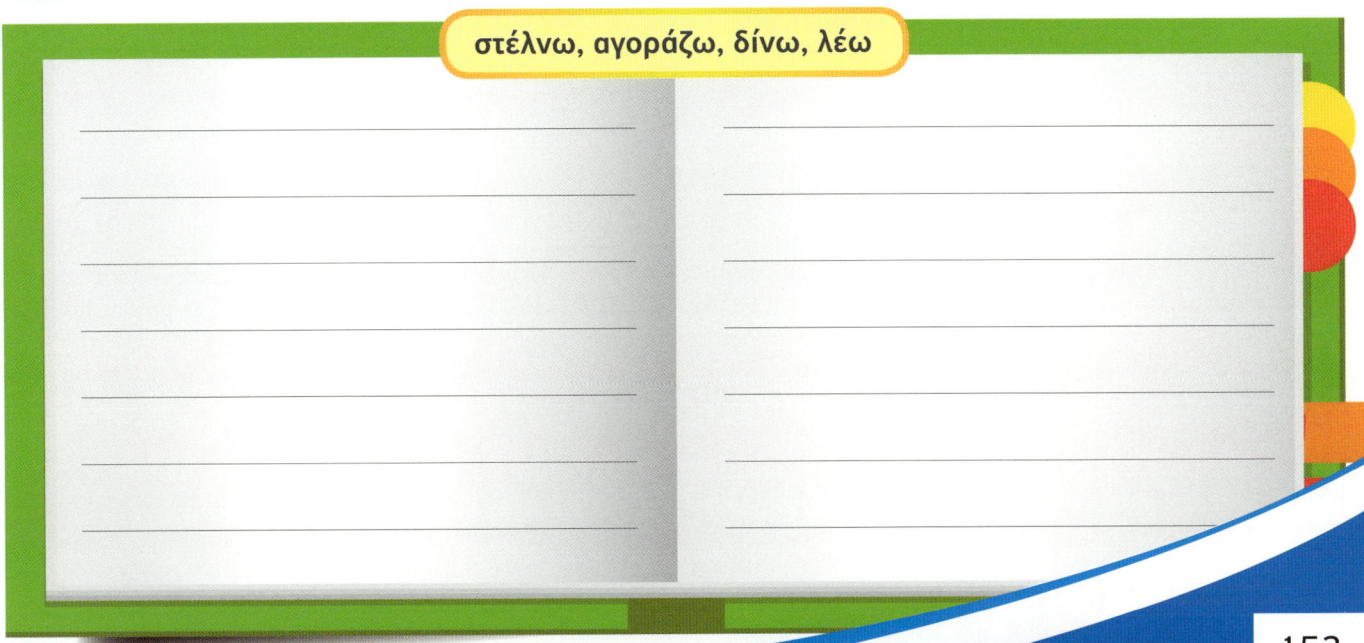

στέλνω, αγοράζω, δίνω, λέω

Ενότητα 33

12 Τι θα πάρει ο μπαμπάς από το περίπτερο; Ακούς τον διάλογο και βάζεις ✓ στη σωστή εικόνα για κάθε πρόσωπο.

Τι βλέπεις στις εικόνες; Ξέρεις τις λέξεις; Μαντεύεις τι λέει ο διάλογος.

	μπαμπάς	μαμά	Κατερίνα	Γιώργος
εφημερίδα	✓			
παγωτό				
σοκολάτα				
περιοδικό				
τσίχλες				
εισιτήρια				
καραμέλες				

13 Ακούς ξανά και απαντάς στην ερώτηση: Τι θέλουν να αγοράσουν η Κατερίνα και ο Γιώργος από το περίπτερο, αλλά δεν συμφωνεί ο μπαμπάς τους;

Παραγωγή Προφορικού Λόγου

- Τι πουλάει το μανάβικο;
- Τι πουλάει το κρεοπωλείο;
- Τι μπορείς να αγοράσεις από το σούπερ μάρκετ;
- Τι τρως σε μια ταβέρνα;
- Σου αρέσει το κάμπινγκ;
- Τι μπορείς να αγοράσεις από ένα περίπτερο;

1 Τι βλέπεις στην εικόνα; Βάζεις ✓ στις προτάσεις.

Ο μπαμπάς ετοιμάζει πρωινό για τα παιδιά.	
Το αγόρι έχει μπροστά του ψωμί με μέλι.	
Ο μπαμπάς κρατάει ένα πιάτο με αβγά.	
Στο τραπέζι υπάρχουν μπισκότα.	
Το αγόρι έχει μπροστά του ένα ποτήρι με χυμό.	
Το κορίτσι έχει μπροστά του ένα ποτήρι με γάλα.	

2 Τι βλέπεις στην εικόνα; Απαντάς στις ερωτήσεις.

Πού είναι οι άνθρωποι;

Τι κάνουν;

Τι υπάρχει πάνω στο τραπέζι;

155

Παραγωγή Προφορικού Λόγου

3 Ακούς τον διάλογο και συμπληρώνεις τα κενά.

Δημοσιογράφος: Καλημέρα σας. Σήμερα στην εκπομπή μας είναι μαζί μας η κυρία Αντωνίου. Η κυρία Αντωνίου είναι ⁰ _γιατρός_ και θα μιλήσει στους μικρούς μας φίλους για το ¹_____. Κυρία Αντωνίου, τι θα πείτε στους φίλους μας;

Κυρία Αντωνίου: Μικροί μου φίλοι, γεια σας! Θέλετε να είστε όμορφα και δυνατά παιδιά;
Πείτε όχι στα πολλά γλυκά και στα ²_____.
Πείτε όχι στα πατατάκια, στις σοκολάτες και στις καραμέλες. Έχουν πολλή ³_____ και κάνουν κακό στα δόντια σας.
Για πρωινό πιείτε ένα ⁴_____ γάλα ή έναν χυμό. Φάτε μία φέτα ψωμί και ένα αβγό.
Για ⁵_____ φάτε φαγητό στο σπίτι: Κρέας, ⁶_____, ψάρι, αρακά, φασολάκια και πείτε όχι στα πολλά μακαρόνια και στις πατάτες.
Ένα ⁷_____ με μία κουταλιά μέλι ή ένα φρούτο είναι πολύ καλό για το απόγευμα.
Το βράδυ φτιάξτε ένα σάντουιτς ή πιείτε ένα ποτήρι γάλα.

4 Γίνεστε ζευγάρια και παίζετε το παιχνίδι ρόλων.

Α´ ρόλος
Φαγητό στο σχολείο

Σήμερα ο συμμαθητής / η συμμαθήτριά σου έφαγε στο σχολείο μια τυρόπιτα, μια σοκολάτα και πατατάκια. Εσύ έφαγες ένα σάντουιτς από το σπίτι και ένα γιαούρτι με φρούτα. Λες στον συμμαθητή / στη συμμαθήτριά σου να μην φάει ξανά τυρόπιτες, σοκολάτες και πατατάκια και εξηγείς γιατί.

Β´ ρόλος
Φαγητό στο σχολείο

Σήμερα έφαγες στο σχολείο μια τυρόπιτα, μια σοκολάτα και πατατάκια. Ο συμμαθητής / Η συμμαθήτριά σου λέει να μη φας ξανά τυρόπιτες, σοκολάτες και πατατάκια, γιατί κάνουν κακό. Εσύ δεν θέλεις να φας κάτι άλλο και εξηγείς γιατί.

Παραγωγή Γραπτού Λόγου

1 Βλέπεις τις εικόνες και συμπληρώνεις τα κενά με τις παρακάτω λέξεις.

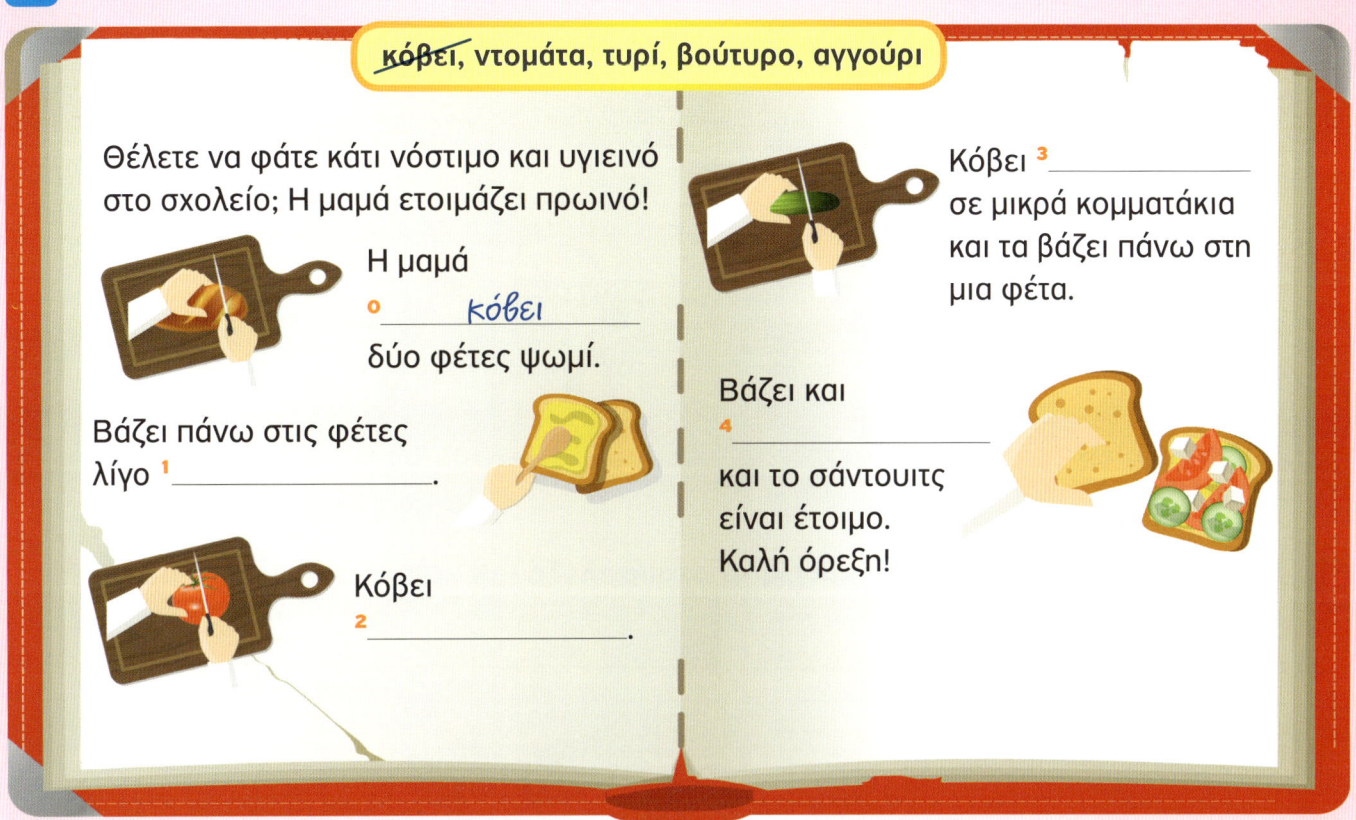

~~κόβει~~, ντομάτα, τυρί, βούτυρο, αγγούρι

Θέλετε να φάτε κάτι νόστιμο και υγιεινό στο σχολείο; Η μαμά ετοιμάζει πρωινό!

Η μαμά ⁰ _κόβει_ δύο φέτες ψωμί.

Βάζει πάνω στις φέτες λίγο ¹ _____.

Κόβει ² _____.

Κόβει ³ _____ σε μικρά κομματάκια και τα βάζει πάνω στη μια φέτα.

Βάζει και ⁴ _____ και το σάντουιτς είναι έτοιμο. Καλή όρεξη!

2 Βλέπεις τις εικόνες και γράφεις τι κάνει η μαμά.

Θυμάσαι;

1 Βρίσκεις τη λέξη που δεν ταιριάζει και τη ζωγραφίζεις.

- φρούτα / μήλο / πορτοκάλι / ντομάτα
- κρεοπωλείο / κιμάς / μπριζόλα / κουλούρι
- γλυκό / ζάχαρη / πιπέρι / μέλι
- φαγητό / πιρούνι / ποτήρι / κουτάλι

2 Βλέπεις τις εικόνες, συμπληρώνεις το σταυρόλεξο και κάνεις μια ιστορία με τις λέξεις.

ΜΠΑΝΑΝΑ

158

3 Τι θέλουν να κάνουν σήμερα τα παιδιά;

4 Συμπληρώνεις τα κενά.

0. Ο Γιώργος αγόρασε ___σοκολάτα___ (σοκολάτα)
___στον φίλο___ (φίλος) του.

1. Ο παππούς είπε _____ (παραμύθι)
_____ (εγγονός) του.

2. Ο δάσκαλος είπε _____ (ιστορία)
_____ (μαθητής).

3. Η Χαρά έστειλε _____ (γράμμα)
_____ (ξάδελφος) της.

4. Η Γεωργία έδωσε _____ (μολύβι)
_____ (συμμαθήτρια) της.

5. Ο κ. Σωτήρης αγόρασε _____ (ιππότης)
_____ (ανιψιός) του.

6. Η Μαρία έδωσε _____ (μήλο)
_____ (αδελφός) της.

5 Βάζεις σε κύκλο το σωστό.

0. Αυτό /(Εκείνο) το βιβλίο μού αρέσει πολύ.

1. Θέλω να αγοράσω αυτήν / εκείνη την κούκλα.

2. Αυτό / Εκείνο το πατίνι είναι δικό μου.

3. Ποιανού είναι αυτή / εκείνη η κασετίνα;

Θυμάσαι;

Επιτραπέζιο παιχνίδι

36 ΤΕΛΟΣ	35 Κάνεις μια πρόταση με τη λέξη	34 Πηγαίνεις πάλι στην αρχή.	33 Κάνεις μια πρόταση με τη λέξη	32
19 Κάνεις μια πρόταση με τη λέξη	20 Πηγαίνεις δύο βήματα πίσω.	21 Κάνεις μια πρόταση με τη λέξη	22 Τι μπορείς να αγοράσεις από τον φούρνο;	23
18 Πηγαίνεις δύο βήματα μπροστά.	17 Κάνεις μια πρόταση με τη λέξη	16 Τι τρως στο σχολείο;	15 Κάνεις μια πρόταση με τη λέξη	
1 ΑΡΧΗ	2 Πες ένα φαγητό που αρχίζει από Μ;	3 Κάνεις μια πρόταση με τη λέξη	4 Τι τρως το βράδυ;	5

31 Κάνεις μια πρόταση με τη λέξη

30 Ποια φρούτα σού αρέσουν;

29 Κάνεις μια πρόταση με τη λέξη

28 Ποια σαλάτα σού αρέσει; Πώς τη φτιάχνεις;

24 Πηγαίνεις δύο βήματα μπροστά.

25 Κάνεις μια πρόταση με τη λέξη

26 Πηγαίνεις δύο βήματα πίσω.

27 Κάνεις μια πρόταση με τη λέξη

13 Κάνεις μια πρόταση με τη λέξη

12 Τι τρως για πρωινό;

11 Κάνεις μια πρόταση με τη λέξη

10 Τι ξέρεις για τις σοκολάτες και τις καραμέλες;

6 Τι παίρνεις μαζί σου στην κατασκήνωση;

7 Κάνεις μια πρόταση με τη λέξη

8 Τι μπορείς να αγοράσεις από το σούπερ μάρκετ;

9 Κάνεις μια πρόταση με τη λέξη

ΠΙΣΤΟΠΟΙΗΣΗ ΕΠΑΡΚΕΙΑΣ ΤΗΣ ΕΛΛΗΝΟΜΑΘΕΙΑΣ
ΕΞΕΤΑΣΕΙΣ ΕΛΛΗΝΟΜΑΘΕΙΑΣ

ΥΠΟΥΡΓΕΙΟ ΠΟΛΙΤΙΣΜΟΥ, ΠΑΙΔΕΙΑΣ ΚΑΙ ΘΡΗΣΚΕΥΜΑΤΩΝ
ΚΕΝΤΡΟ ΕΛΛΗΝΙΚΗΣ ΓΛΩΣΣΑΣ

ΕΠΙΠΕΔΟ **Α1**

1. ΚΑΤΑΝΟΗΣΗ ΓΡΑΠΤΟΥ ΛΟΓΟΥ

ΔΙΑΡΚΕΙΑ ΕΞΕΤΑΣΗΣ: 30 λεπτά (25 ΜΟΝΑΔΕΣ)

Ερώτημα 1 (7 μονάδες)

Οι μαθητές από ένα σχολείο γράφουν ένα γράμμα. Διαβάζεις το κείμενο και σημειώνεις ✓ στον πίνακα κάτω από το ΣΩΣΤΟ για τις προτάσεις που συμφωνούν με το κείμενο ή κάτω από το ΛΑΘΟΣ για τις προτάσεις που δεν συμφωνούν, όπως στο παράδειγμα.
ΠΡΟΣΕΞΕ: Πρέπει να σημειώσεις συνολικά ΕΠΤΑ (7) ✓ χωρίς το παράδειγμα.

3-1-2011

Αγαπητοί μας φίλοι,

Το χωριό μας είναι το Ηράκλειο Λαγκαδά, κοντά στη Θεσσαλονίκη. Το σχολείο μας έχει μια πολύ μεγάλη αυλή, με πολλή πρασινάδα, πολλά δέντρα και όμορφα λουλούδια. Η τάξη μας έχει 15 παιδιά. Είμαστε 9 κορίτσια και 6 αγόρια. Η δασκάλα μας είναι η κυρία Σοφία.

Στο σχολείο υπάρχει, επίσης, γυμναστήριο και γήπεδο μπάσκετ. Η τάξη μας είναι μικρή αλλά πολύ ωραία. Στην τάξη μας έχουμε βιβλιοθήκη και μπορούμε να πάρουμε και να διαβάσουμε πολλά βιβλία.

Περιμένουμε να απαντήσετε στο γράμμα μας. Ελπίζουμε να σας δούμε από κοντά.
Με αγάπη,
Οι μαθητές από το Ηράκλειο Λαγκαδά

		ΣΩΣΤΟ	ΛΑΘΟΣ
0.	Το Ηράκλειο Λαγκαδά είναι χωριό.	✓	
1.	Το χωριό είναι μακριά από τη Θεσσαλονίκη.		
2.	Το σχολείο έχει πολλά δέντρα στην αυλή του.		
3.	Σε αυτήν την τάξη τα αγόρια είναι πιο πολλά από τα κορίτσια.		
4.	Τη δασκάλα τη λένε Σοφία.		
5.	Τα παιδιά μπορούν να κάνουν γυμναστική στο σχολείο.		
6.	Η τάξη είναι μεγάλη.		
7.	Η τάξη έχει βιβλιοθήκη.		

Ερώτημα 2 *(6 μονάδες)*

Διαβάζεις πληροφορίες σε ένα παιδικό περιοδικό. Μετά διαβάζεις τις φράσεις στον πρώτο πίνακα, βρίσκεις τη συνέχειά τους στον δεύτερο πίνακα και σημειώνεις τον αριθμό από τη σωστή φράση, όπως στο παράδειγμα.

ΠΡΟΣΕΞΕ: Οι σωστές απαντήσεις είναι ΕΞΙ (6) χωρίς το παράδειγμα. Υπάρχουν δύο φράσεις στον δεύτερο πίνακα που δεν θα χρησιμοποιήσεις.

Το ξέρεις;

	Το ελληνικό παιδικό μουσείο είναι στην Αθήνα, στην Πλάκα. Είναι εκεί από το 1987.
	Το γραμματόσημο είναι το χαρτάκι που κολλάμε πάνω στο γράμμα. Τα πρώτα γραμματόσημα βγήκαν στην Αγγλία το 1840. Στο πρώτο ελληνικό γραμματόσημο βλέπουμε τον θεό Ερμή.
	Το λιοντάρι ζει 10-14 χρόνια. Σήμερα υπάρχουν λιοντάρια μόνο στην Αφρική και την Ασία.
	Σου αρέσει η βροχή; Πήγαινε στον Αμαζόνιο! Εκεί βρέχει κάθε μέρα!
	Το θέατρο ξεκίνησε στην αρχαία Ελλάδα. Τότε, όμως, οι ηθοποιοί ήταν μόνο άντρες!
	Το τσάι έρχεται από την Κίνα. Το 2737 π.Χ. φύλλα τσαγιού έπεσαν μέσα σε βραστό νερό. Έτσι έγινε το πρώτο τσάι!
	Το κουτάλι είναι πολύ παλιό εργαλείο. Στην αρχαία Αίγυπτο τα κουτάλια ήταν από ξύλο, πέτρα και άλλα υλικά.

ΠΡΩΤΟΣ ΠΙΝΑΚΑΣ	
0.	Το παιδικό μουσείο είναι ...
1.	Τα πρώτα γραμματόσημα ήρθαν...
2.	Θα βρεις λιοντάρια...
3.	Κάθε μέρα πέφτει βροχή...
4.	Οι γυναίκες δεν ήταν ηθοποιοί...
5.	Το πρώτο τσάι έγινε...
6.	Κουτάλια υπήρχαν...

ΔΕΥΤΕΡΟΣ ΠΙΝΑΚΑΣ	
0	στην Αθήνα. (παράδειγμα)
	στην Αφρική ή στην Ασία.
	στον Αμαζόνιο.
	την Ευρώπη.
	από την Αγγλία.
	στην αρχαία Αίγυπτο.
	στην αρχαία Ελλάδα.
	ελληνικά.
	στην Κίνα.

Ερώτημα 3 (6 μονάδες)

Διαβάζεις διαφημίσεις. Τι λέει κάθε διαφήμιση; Σημειώνεις ✓ στη σωστή απάντηση (α, β ή γ), όπως στο παράδειγμα.
ΠΡΟΣΕΞΕ: Για κάθε διαφήμιση υπάρχει μόνο ΜΙΑ (1) σωστή απάντηση.

Ο ραδιοφωνικός σταθμός «Πόλη» δίνει κάθε Σάββατο το μικρόφωνο στα παιδιά. Από τις 10:00 ως τις 12:00 τα παιδιά βάζουν μουσική και λένε ιστορίες.
Τηλέφωνο: 2356-090078

0.	Ο ραδιοφωνικός σταθμός «Πόλη»...	
α.	έχει ένα πρόγραμμα για παιδιά.	✓
β.	δεν έχει πρόγραμμα για παιδιά.	
γ.	παίζει μουσική μόνο για παιδιά.	

ΔΙΑΓΩΝΙΣΜΟΣ ΧΗΜΕΙΑΣ
ΕΙΣΑΙ ΜΑΘΗΤΗΣ ΣΤΟ ΔΗΜΟΤΙΚΟ; ΣΟΥ ΑΡΕΣΕΙ Η ΧΗΜΕΙΑ; ΚΑΝΕΙΣ ΠΕΙΡΑΜΑΤΑ; ΣΤΕΙΛΕ ΤΗΝ ΙΔΕΑ ΣΟΥ ΣΤΟ ΠΕΡΙΟΔΙΚΟ «ΜΙΚΡΟΙ ΕΡΕΥΝΗΤΕΣ» ΜΕΧΡΙ ΤΟΝ ΙΟΥΛΙΟ.

1.	Ο διαγωνισμός τελειώνει	
α.	την άνοιξη.	
β.	το καλοκαίρι.	
γ.	το φθινόπωρο.	

Το Ολλανδικό Σχολείο σάς προσκαλεί στη γιορτή για τον Κάρολο Δαρβίνο και τα 200 χρόνια από τη γέννησή του. Τη Δευτέρα 15 Ιουνίου, ώρα 8:00-10:00 το βράδυ.
Διεύθυνση: Μακρή 11, Αθήνα

2.	Η γιορτή είναι...	
α.	το μεσημέρι.	
β.	για τον Δαρβίνο.	
γ.	για 4 ώρες.	

Ανακοίνωση
Το «Μουσείο για το Νερό» στην Έδεσσα είναι ανοιχτό τις Κυριακές από τις δέκα το πρωί ως τη μία το μεσημέρι. Για περισσότερες πληροφορίες:
palaeo-museum@geol.uoa.gr

3.	Το «Μουσείο για το νερό»...	
α.	είναι στην Έδεσσα.	
β.	ανοίγει κάθε μέρα.	
γ.	ανοίγει όλη τη μέρα.	

ΣΧΟΛΙΚΑ ΕΙΔΗ «Ο ΘΕΙΟΣ ΠΛΑΤΩΝ»
Μολύβια, στιλό, τετράδια σε πολλά σχέδια και χρώματα και σε καλές τιμές.
Τσάντες από 5 ευρώ.
Βιβλία από 7 ευρώ.

Για τον μαθητή
Για τον φοιτητή

4.	Το μαγαζί «Ο θείος Πλάτων»...	
α.	είναι μόνο για μαθητές.	
β.	δεν πουλάει τσάντες.	
γ.	έχει σχολικά είδη.	

Ερώτημα 4 (6 μονάδες)

Ο Γιώργος γράφει ένα κείμενο για την αγαπημένη του ταινία και διαλέγει φωτογραφίες για το κείμενο αυτό. Διαβάζεις το κείμενο και σημειώνεις στα κενά τον αριθμό από τη σωστή φωτογραφία, όπως στο παράδειγμα.

ΠΡΟΣΕΞΕ: Οι σωστές φωτογραφίες είναι **ΤΕΣΣΕΡΙΣ (4)** χωρίς το παράδειγμα. Υπάρχουν δύο φωτογραφίες που δεν ταιριάζουν σε κανένα κενό.

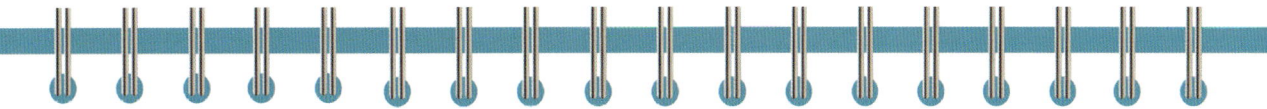

ΤΑΙΝΙΕΣ ΓΙΑ ΠΑΙΔΙΑ

Ο χαρούμενος ποντικός

Ο Νίκος είναι ένα αγόρι 10 χρονών. Μια μέρα βρίσκει κάτω από το κρεβάτι του μια μπάλα __0__. Τι έχει μέσα η μπάλα; Ένα μικρό ποντίκι! Ο Νίκος καλεί τους φίλους του στο σπίτι. Τα παιδιά είναι χαρούμενα και παίζουν με το ποντίκι ____. Το φωνάζουν «χέλι», επειδή τρέχει γρήγορα. Ο Νίκος φτιάχνει ένα σπιτάκι για το «χέλι» ____. Για φαγητό δίνει τυράκι στο ποντίκι ____.

Όλα είναι καλά. Το «χέλι» ζει μαζί με τον Νίκο στο σπίτι. Μια μέρα, όμως, ο Νίκος παίρνει το ποντικάκι μαζί στο σχολείο. Το «χέλι» πηδάει πάνω στη δασκάλα ____ και τότε αρχίζουν τα προβλήματα...

Δείτε την ταινία ★ ★ ★ ★

2. ΚΑΤΑΝΟΗΣΗ ΠΡΟΦΟΡΙΚΟΥ ΛΟΓΟΥ (cd 2, 33)

ΔΙΑΡΚΕΙΑ ΕΞΕΤΑΣΗΣ: 25 λεπτά (25 ΜΟΝΑΔΕΣ)

Ερώτημα 1 (7 μονάδες)

Θα ακούσεις την εκπομπή «Ουράνιο τόξο». Η δημοσιογράφος ρωτάει τον Αλέξη τι κάνει τα απογεύματα. Θα ακούσεις τον διάλογο δύο (2) φορές. Τι κάνει τα απογεύματα ο Αλέξης; Σημείωσε ✓ στις σωστές φωτογραφίες, όπως στο παράδειγμα.

ΠΡΟΣΕΞΕ: Πρέπει να βάλεις ΕΠΤΑ (7) ✓ χωρίς το παράδειγμα. Σε δύο φωτογραφίες δεν πρέπει να βάλεις ✓.

Ερώτημα 2 (6 μονάδες)

Θα ακούσεις δύο (2) φορές τι τρώνε τα παιδιά στο σχολείο. Βοήθησε να συμπληρώσουμε τον πίνακα. Κάτω από το όνομα κάθε παιδιού, βάλε ✓ σε αυτό που τρώει, όπως στο παράδειγμα.
ΠΡΟΣΕΞΕ: Πρέπει να βάλεις ΕΞΙ (6) ✓ , ένα για κάθε παιδί.

	0. Βένα	1. Μαρία	2. Θώμη	3. Δημήτρης	4. Κώστας	5. Σταύρος	6. Αθανασία
🍌	✓						
🍪							
🍫							
🥨							
🥛							
🍎							
🍅🍞							

Κατανόηση Προφορικού Λόγου

Ερώτημα 3 (6 μονάδες)

Πηγαίνεις με τους φίλους σου κατασκήνωση. Θα ακούσεις δύο (2) φορές τον υπεύθυνο της κατασκήνωσης. Τι πληροφορίες δίνει; Δες τις εικόνες και σημείωσε ✓ στη σωστή εικόνα της κάθε σειράς, όπως στο παράδειγμα.

ΠΡΟΣΕΞΕ: Πρέπει να βάλεις ΤΕΣΣΕΡΑ (4) ✓, χωρίς το παράδειγμα. Σε κάθε σειρά υπάρχει μόνο μία σωστή εικόνα.

Ερώτημα 4 (6 μονάδες)

Η Μαρία δουλεύει στο αθλητικό κέντρο της γειτονιάς. Θα ακούσεις δύο (2) φορές τον διάλογο της Μαρίας με ένα καινούριο παιδί. Βοήθησε τη Μαρία να γράψει την κάρτα! Καθώς ακούς, συμπληρώνεις τα στοιχεία που λείπουν, όπως στο παράδειγμα.

ΠΡΟΣΕΞΕ: Οι σημειώσεις που πρέπει να κρατήσεις είναι ΕΞΙ (6) χωρίς το παράδειγμα.

Γυμναστήριο
ΚΑΡΤΑ ΜΕΛΟΥΣ

Επώνυμο: 0 _Παπαχρήστος_

Όνομα: 1 _____

Ηλικία: 2 _____

Διεύθυνση

Οδός: 3 _____

Αριθμός: 4 _____

Αθλήματα: 5 _____

6 _____

Κατανόηση Προφορικού Λόγου

3. ΠΑΡΑΓΩΓΗ ΓΡΑΠΤΟΥ ΛΟΓΟΥ

ΔΙΑΡΚΕΙΑ ΕΞΕΤΑΣΗΣ: 40 λεπτά (24 ΜΟΝΑΔΕΣ)

Πρώτο μέρος (12 μονάδες)

Έχεις μπροστά σου φωτογραφίες από το σχολείο σου. Βλέπεις τις φωτογραφίες και γράφεις δίπλα τι βλέπουμε σε κάθε φωτογραφία. Γράψε συνολικά 50-60 λέξεις.

Είμαστε στο λεωφορείο. Πηγαίνουμε στο σχολείο. Αυτοί είναι οι συμμαθητές μου.

Δεύτερο μέρος (12 μονάδες)

Γράφεις ένα γράμμα στον φίλο σου/στη φίλη σου και περιγράφεις πώς περνάς το Σαββατοκύριακο. Οι εικόνες θα σε βοηθήσουν να γράψεις το γράμμα. Γράψε συνολικά 50-60 λέξεις.

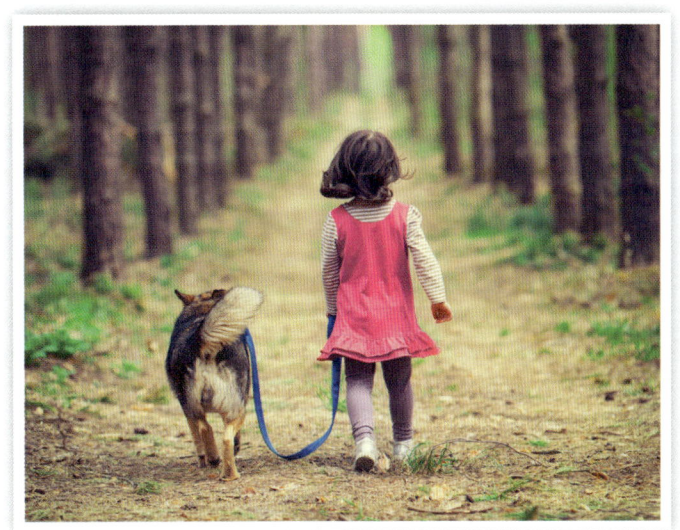

Αγαπημέν_____,

_____

_____ (Μη γράψεις το όνομά σου. Γράψε άλλο όνομα)

4. ΠΑΡΑΓΩΓΗ ΠΡΟΦΟΡΙΚΟΥ ΛΟΓΟΥ

ΔΙΑΡΚΕΙΑ ΕΞΕΤΑΣΗΣ: 12 λεπτά (25 ΜΟΝΑΔΕΣ)

Πρώτο μέρος

- Ποιο είναι το όνομά σου;
- Σε ποια πόλη μένεις;
- Πηγαίνεις σχολείο; Σε ποια τάξη;
- Γιατί μαθαίνεις ελληνικά;
- Έχεις φίλους/συγγενείς στην Ελλάδα;
- Πηγαίνεις συχνά στην Ελλάδα;
- Ξέρεις άλλες ξένες γλώσσες; Ποιες;

Δεύτερο μέρος

- Σου αρέσει το καλοκαίρι ή ο χειμώνας; Γιατί;
- Πώς περνάς τη μέρα σου; Τι σου αρέσει να κάνεις στον ελεύθερο χρόνο σου;
- Ποια μαθήματα σου αρέσουν; Ποια δεν σου αρέσουν;
- Σου αρέσει το ταξίδι με αεροπλάνο; Γιατί;
- Σου αρέσει η πόλη ή το χωριό; Γιατί;

Εικόνα 1
- Τι βλέπεις στην εικόνα;
- Τι κάνουν τα παιδιά;
- Έχεις φίλους/φίλες;
- Τι κάνεις με τους φίλους και τις φίλες σου;

Εικόνα 2
- Τι βλέπεις στην εικόνα;
- Τι κάνει το αγόρι;
- Σου αρέσουν οι κατασκευές; Φτιάχνεις πράγματα μόνος/μόνη σου;
- Αγοράζεις δώρα στους φίλους σου ή τα φτιάχνεις μόνος/μόνη σου; Γιατί;
- Τι κάνεις στον ελεύθερο χρόνο σου;

Εικόνα 3
- Τι βλέπεις στην εικόνα;
- Τι πρέπει να κάνει το κορίτσι;
- Είναι χαρούμενο το κορίτσι;
- Σου αρέσει το διάβασμα;
- Πόσες ώρες διαβάζεις για το σχολείο;

Εικόνα 4
- Τι βλέπεις στην εικόνα;
- Πού πηγαίνουν τα παιδιά;
- Είναι μακριά το σχολείο σου από το σπίτι σου;
- Πώς πηγαίνεις στο σχολείο;
- Στο σχολείο πηγαίνεις με τα πόδια ή με το λεωφορείο;
- Σου αρέσει το σχολείο; Γιατί;

Εικόνα 5
- Τι βλέπεις στην εικόνα;
- Σου αρέσει το μαγείρεμα;
- Αν ναι, ποιο φαγητό σου αρέσει να φτιάχνεις; Πώς το φτιάχνεις;
- Αν όχι, θέλεις να μάθεις να μαγειρεύεις;
- Ποιο είναι το αγαπημένο σου φαγητό;
- Σου αρέσουν τα λαχανικά και τα φρούτα; (Ποια φρούτα/λαχανικά σου αρέσουν, πόσο συχνά τρως;)

Εικόνα 6
- Τι βλέπεις στην εικόνα;
- Τι κάνουν τα παιδιά;
- Στο σχολείο σου υπάρχουν υπολογιστές για τους μαθητές;
- Έχεις υπολογιστή στο σπίτι; Αν ναι, τι κάνεις με τον υπολογιστή; Αν όχι, θέλεις έναν;

Τρίτο Μέρος – Παιχνίδια Ρόλων

1. Ο πονόδοντος
Ρόλος Α΄
Είσαι στο σχολείο και πονάει πολύ το δόντι σου. Λες στον φίλο/στη φίλη σου το πρόβλημά σου. Ζητάς βοήθεια.

Ρόλος Β΄
Είσαι στο σχολείο. Ο φίλος/Η φίλη πονάει. Τον/Τη ρωτάς τι έχει. Πώς τον/την βοηθάς;

2. Τα γενέθλια
Ρόλος Α΄
Ο φίλος/Η φίλη σου έχει γενέθλια. Είσαι άρρωστος/άρρωστη και δεν μπορείς να πας στο πάρτι. Παίρνεις τηλέφωνο και λες το πρόβλημα. Λες ευχές για τα γενέθλια.

Ρόλος Β΄
Έχεις γενέθλια και κάνεις πάρτι. Ο φίλος/Η φίλη σου τηλεφωνεί και σου λέει ότι δεν μπορεί να έρθει. Ρωτάς γιατί. Ευχαριστείς για τις ευχές.

3. Η συνάντηση
Ρόλος Α΄
Είσαι στο πάρκο. Συναντάς τον φίλο/τη φίλη σου. Έχεις πολύ καιρό να τον δεις/να τη δεις. Τον/Τη χαιρετάς. Ρωτάς τα νέα του/της. Λες τα δικά σου νέα.

Ρόλος Β΄
Είσαι στο πάρκο. Συναντάς τον φίλο/τη φίλη σου. Τον/Τη χαιρετάς. Λες τα δικά σου νέα. Ρωτάς τα νέα του/της.

4. Ο υπολογιστής
Ρόλος Α΄
Θέλεις να κάνεις μια εργασία στον υπολογιστή, όμως ο υπολογιστής σου χάλασε. Τηλεφωνείς στον φίλο σου/στη φίλη σου και τον/τη ρωτάς αν μπορείς να πας στο σπίτι του/της και να γράψεις στον δικό του/της υπολογιστή. Λες τι ώρα θα πας.

Ρόλος Β΄
Χτυπάει το τηλέφωνο. Ο φίλος/Η φίλη σου θέλει να δουλέψει στο σπίτι σου στον υπολογιστή σου. Τον/Τη ρωτάς γιατί. Ρωτάς τι ώρα θα έρθει.

5. Κολύμβηση
Ρόλος Α΄
Σου αρέσει η θάλασσα και θέλεις να μάθεις κολύμβηση. Ο φίλος/Η φίλη σου μαθαίνει κολύμβηση στο κολυμβητήριο που είναι στη γειτονιά σας. Ρωτάς ποιες μέρες και ώρες έχει μάθημα και άλλες πληροφορίες.

Ρόλος Β΄
Μαθαίνεις κολύμβηση. Ο φίλος/Η φίλη σου θέλει να ξεκινήσει κι αυτός/αυτή μαθήματα. Του/Της λες ποιες μέρες και ώρες είναι το μάθημα. Τον/Την προσκαλείς στην ομάδα και απαντάς στις ερωτήσεις του/της.

6. Τηλεόραση ή σινεμά;
Ρόλος Α΄
Είναι Σάββατο απόγευμα και είσαι μαζί με τον φίλο σου/τη φίλη σου. Λες στον φίλο σου/στη φίλη σου να πάτε στο σινεμά και να δείτε μια ταινία. Ο φίλος σου θέλει να δει μια ταινία στην τηλεόραση. Μιλάς μαζί του/της.

Ρόλος Β΄
Είναι Σάββατο απόγευμα και είσαι μαζί με τον φίλο/τη φίλη σου. Ο φίλος/Η φίλη σου θέλει να πάτε στο σινεμά και να δείτε μια ταινία. Εσύ θέλεις να δεις μια ταινία στην τηλεόραση. Μιλάς μαζί του/της.

Παραγωγή Προφορικού Λόγου

ΤΟ ΒΙΒΛΙΟ

ΚΛΙΚ ΣΤΑ ΕΛΛΗΝΙΚΑ
Επίπεδο Α1
για παιδιά (6-12 ετών)
Β΄ Μέρος

ΤΥΠΩΘΗΚΕ ΚΑΙ ΒΙΒΛΙΟΔΕΤΗΘΗΚΕ
ΣΤΙΣ ΕΓΚΑΤΑΣΤΑΣΕΙΣ ΤΩΝ ΓΡΑΦΙΚΩΝ ΤΕΧΝΩΝ
«ΛΥΧΝΙΑ Α.Ε.», www.lyhnia.com

ENOTHTA 18

ENOTHTA 19

ENOTHTA 26

ENOTHTA 27

ENOTHTA 29